Wandern
im
Odenwald

Andreas Stieglitz

Inhalt

Wandern im Odenwald

Wandersaison

Im Odenwald lässt sich ganzjährig wandern. Von Mitte März bis Anfang Mai bezaubert die Obstblüte an der Bergstraße mit immer neuen Farbschattierungen. Im Oktober sind die Kastanien reif.

Anspruch

In der Rubrik ›Die Wanderung in Kürze‹ wird jeweils darauf hingewiesen, ob es sich bei der Wanderung um eine einfache (+), eine mittelschwere (++) oder eine anspruchsvolle (+++) Tour handelt.

Gehzeiten

Bitte beachten Sie: Alle in diesem Wanderführer aufgeführten Zeiten verstehen sich als reine Gehzeiten. Rechnen Sie bei der Planung einer Tour noch etwa ein Drittel der Zeit hinzu, um Pausen für die Rast oder

zum Fotografieren sowie Zeit für Besichtigungen zu berücksichtigen.

Wege und Markierungen

Im Odenwald sind zahlreiche Wege markiert. Das Wegenetz des Odenwaldklubs ist mit farbigen Markierungszeichen (Dreieck, Kreuz usw.) versehen und basiert auf einem Gittersystem: Nord-Süd-Routen sind mit blauen und roten, Ost-West-Routen mit weißen und gelben Zeichen markiert. Daneben gibt es noch die markierten Rundwege des Naturpark-Vereins Odenwald, die von den Naturparkplätzen ausgehen und mit gelben Ziffern im gelben Kreis gekennzeichnet sind, und kommunale Rundwege, die mit einem oben offenen weißen Kreis mit Ziffer und dem Anfangsbuchstaben der jeweiligen Gemeinde versehen sind. Die beschriebenen Routen verlaufen häufig auf markierten Wanderwegen; das entsprechende Zeichen ist in der Wegbeschreibung erwähnt.

Ausrüstung

Im Odenwald ist keine besondere Ausrüstung erforderlich, doch leichte Wanderstiefel sind unbedingt empfehlenswert. Teleskopstöcke sind bei größeren Höhenunterschieden nützlich, da sie die Kniegelenke entlasten und die Trittsicherheit erhöhen. Auf regnerische Witterung sollte man sich durch die Mitnahme entsprechender Kleidung vorbereiten.

Karten

Das bisherige vierblättrige Kartenwerk der topographischen Naturparkkarte 1:50 000 wird im Laufe des Jahres 2000 durch eine neubearbeitete Serie abgelöst.

Gefahren

Im Odenwald ist an Waldrändern und im Unterholz besondere Vorsicht vor Zecken geboten, die Überträger der Frühsommer-Meningitis (FSME) oder der Lyme-Borreliose sein können. Um eine festgebissene Zecke zu entfernen, dreht man sie langsam mit Daumen und Zeigefinger gegen den Uhrzeigersinn aus der Haut heraus. Sicherheitshalber sollte nach einem Zeckenbiss ein Arzt konsultiert werden. Aufgrund der Kontaminationsgefahr mit dem Fuchsbandwurm, einer beim Menschen u.U. tödlich verlaufenden Krankheit, ist vom Genuss ungekochter Pilze, bodennaher Waldfrüchte (z.B. Heidelbeeren), von Kräutern sowie von Quellwasser nachdrücklich abzuraten.

Mit Bus und Bahn

Der Odenwald ist gut mit öffentlichen Verkehrsmitteln erschlossen. Fast alle beschriebenen Wanderungen lassen sich mit der Bahn erreichen. Es gibt mehrere Bahnlinien, so die Hauptstrecke Darmstadt-Mannheim entlang der nördlichen Bergstraße, die Stichstrecke der Weschnitztalbahn von Weinheim nach Fürth, die Neckartalbahn von Heidelberg über Eberbach nach Mosbach und die Odenwaldbahn von Darmstadt nach Groß-Umstadt und weiter über Michelstadt/Erbach nach Eberbach am Neckar.

SYMBOLE IN DEN KARTEN

⛫	Gasthaus	⚒	Bergwerk (aufgelassen)
⛫	Schutzhütte, Unterstand	✿	Mühle
♁	Kirche	t	Wegkreuz
♁	Kapelle	ᴧᴧ	Rastplatz
♁	Kloster	⌇Wf.	Wasserfall
♦	Burg, Schloss	○	Quelle
♦	Burgruine	♣	Markanter Nadelbaum
♦	Aussichtsturm	♀	Markanter Laubbaum
∴	Archäologische Stätte, Ruine	⊢	Schiffsanlegestelle
⚱	Denkmal, Monument	⌣	Schwimmbad

»Hier fängt Deutschland an, Italien zu werden«

... soll der soeben in Frankfurt gekrönte Kaiser Joseph II. begeistert ausgerufen haben, als er 1765 entlang der Bergstraße nach Wien zurückfuhr. Der westliche Steilabfall des Odenwaldes zur Rheinebene bildet die berühmte ›Beletage‹ des Gebirges. Von Malchen bis Wiesloch erstreckt sich dieser nur wenige Kilometer breite Landstrich. Eine uralte Handels- und Heerstraße, die sich bereits zur Zeit der Römer am Saum des Gebirges entlangzog und als *platea montana* – wörtlich ›Bergstraße‹ – in alten Urkunden auftaucht, gab der sonnenverwöhnten Gegend den Namen.

Sechs Wochen früher als andernorts in Deutschland hält der Frühling an der Bergstraße Einzug. Bereits an den ersten warmen Märztagen setzt die Obstblüte ein, die durch immer neue Farbschattierungen bezaubert. Auch allerlei südländische Gewächse fühlen sich an den Hängen der Bergstraße wohl. Mandeln, Pfirsiche, Aprikosen, Feigen und sogar Wildzitronen gedeihen im Freien, prächtige Libanonzedern und Mammutbäume zieren die Parks. Längst ist die von den Römern eingeführte Edelkastanie mit ihren süßmehligen Früchten an der Bergstraße heimisch geworden. Nach einer herbstlichen Wanderung behaglich im Freien zu sitzen, bei süffigem Federweißen zu frisch gerösteten Maronen – ein herrlicher Ausklang des Tages.

Die Klimagunst des ›Frühlingsgartens Deutschlands‹ ergibt sich aus seiner Lage am Rande der Oberrheinischen Tiefebene. Der Rheinlauf sorgt im Winter für milde Temperaturen, während die einrahmenden Gebirgszüge des Pfälzer Waldes im Westen und des Odenwaldes im Osten die rauhen Winde abhalten. Tatsächlich zeigt die Bergstraße dem Winter nicht selten die kalte Schulter. Wenn im Bergland noch eine geschlossene Schneedecke liegt – die Gegend ›Winterhauch‹ am Katzenbuckel spricht für sich –, macht sich am Gebirgsrand häufig die Leelage bemerkbar. Bei einer östlichen Strömung erwärmen sich nämlich die Fallwinde und führen zu einem örtlichen Föhneffekt mit Aufheiterung.

Dank des milden Klimas und der fruchtbaren Lössböden war die Bergstraße seit jeher ein bevorzugter Siedlungsraum. Auf den Vorhügeln am Fuße der Bergkette, noch über der früher versumpften Rheinebene, liegen die historischen Ortskerne. Ortsnamen, die auf -heim enden, verweisen zumeist auf die Zeit der fränkischen Landnahme im 6. und 7. Jh. Schon im Güterverzeichnis des Klosters Lorsch, dem Karl der Große im Jahre 773 die Mark Heppenheim schenkte, waren fast alle Orte an der Bergstraße namentlich erwähnt.

Mit ihren geschichtsträchtigen Ortschaften, die wie an einer Perlenkette am Fuße des Gebirges aufgereiht sind, den malerisch auf der Anhöhe gelegenen Burgen sowie den von herrlichen Parks umgebenen Schlössern zog die Bergstraße bereits zur Postkutschenzeit zahlreiche Besucher aus nah und fern an. Hatte Großherzog Ludwig I. von Hessen-Darmstadt bereits Ende des 18. Jh. bei Auerbach eine feudale Kuranlage anlegen lassen, so wurde es für Adel und Gesellschaft im 19. Jh. schick, die Sommerfrische an der Bergstraße zu verbringen.

Ende des vorigen Jahrhunderts entwickelte sich die Bergstraße zum bevorzugten Wohngebiet von Beamten, Angestellten und gut situierten Pensionären. Um die alten Ortskerne aus Fachwerk entstanden vornehme Villengegenden. Die Verstädterung ist bis heute ungebremst und hat inzwischen zu einem beinahe geschlossenen Siedlungsband geführt, aber dennoch hat die Landschaft am Westsaum des Odenwaldes erstaunlich viel von ihrem Reiz bewahrt.

Streuobstwiesen und ihre ökologische Bedeutung

Zu den charakteristischen Elementen der Kulturlandschaft an der Bergstraße und im Vorderen Odenwald gehören lockere Anpflanzungen hochstämmiger Obstbäume auf Grünland. Der Name ›Streuobstwiese‹ verweist auf die verstreut im Gelände stehenden Obstbäume, könnte sich aber auch von dem zur Einstreu in Ställen genutzten Heu ableiten. Die Mischnutzung des Bodens, nämlich die Obsterzeugung einerseits und die Heugewinnung oder Beweidung andererseits, reicht einige Jahrhunderte zurück. Viele Streuobstwiesen sind aus sogenannten Baumäckern entstanden, die mühsam zu pflügen waren und im Laufe der Zeit zu Baumwiesen umgewandelt wurden. Das gewonnene Obst wurde traditionell zu Dörrobst, Mus und Most (Apfel- und Birnenwein) verarbeitet. Allmählich entwickelte sich der Obstbau über die Selbstversorgung hinaus zu einem bedeutenden Erwerbszweig. Südhessisches Obst wurde einst bis nach England und Italien exportiert.

Durch die Technisierung der Landwirtschaft und den wirtschaftlichen Zwang zur Intensivierung, aber auch durch die Ausweisung von Bauland sind seit den 1960er Jahren viele Streuobstwiesen verloren gegangen. Gab es 1938 noch 12 Mio. Obstbäume in Hessen, davon rund 8,5 Mio. in Streuobstwiesen, so wurden 1987 nurmehr 0,7 Mio. hochstämmige Obstbäume gezählt. Apfel, Birne, Kirsche und Zwetsche gehören zu den

bis zweimal pro Jahr gemäht wird. Auf den verbreiteten Glatthaferwiesen, die nach der gleichnamigen Grasart benannt sind, blühen Margeriten, Schlüsselblumen, Wiesenschaumkraut, Flockenblumen, Salbei, Wiesenstorchschnabel, Orchideen und viele andere Kräuter in bunter Vielfalt. Häufig schmarotzt im Geäst alter Bäume die unter Naturschutz stehende Mistel.

Die halb offene Landschaft von Streuobstwiesen mit sonnigen Wiesenflächen, freistehenden Bäumen, lockeren Baumhainen und Beeren tragenden Hecken (Schlehen, Wildrosen, Holunder usw.) bietet Lebensraum für zahlreiche Tierarten. Im Vergleich zu Obstplantagen kommen auf Streuobstwiesen die doppelte Anzahl an Laufkäfern, die sechsfache Anzahl an Fluginsekten und sogar die sechzehnfache Anzahl an Bienen vor.

Knorrige alte Obstbäume in der Flur bieten ein schönes Bild, doch leider ist der Baumbestand vielfach erheblich überaltert. Zudem sind manche Streuobstwiesen übermäßig verbuscht, weil sie über lange Zeit nicht gemäht wurden. Das aufkommende Gestrüpp aus Schlehen, Brombeeren, Hartriegel, Holunder und den Wurzelausschlägen der Zwetschen verdrängt allmählich die artenreiche Blumenwiese. Streuobstwiesen müssen daher regelmäßig gepflegt werden. Eine intakte Streuobstwiese sollte einmal im Jahr, nämlich Ende August, gemäht werden. Die Kräuter haben dann genügend Zeit, sich auszusamen, und Vögel werden nicht bei der Brut gestört. Alle drei Jahre müssen die Obstbäume beschnitten werden, um eine gesunde Baumkrone zu erhalten.

häufigsten Obstarten in Streuobstwiesen. An Wegrändern und Feldrainen sind gelegentlich auch Walnussbäume zu sehen.

Im Gegensatz zur modernen Plantagenwirtschaft mit ihren wenigen marktgängigen Sorten stellen Streuobstwiesen ein lebendes Genreservoir für zahllose alte Obstsorten dar. Nahezu vergessene Namen wie Schafsnase, Graue Reinette, Rudolph Goethe, Schwarze Leberkirsche zeugen von der einstigen Sortenvielfalt. Diese sogenannten Lokalsorten waren durch langjährige Züchtung optimal an die örtlichen Bodenverhältnisse, die Höhenlage und das Klima angepasst. So gab es Ende des 19. Jahrhunderts in Deutschland noch rund 1500 (!) verschiedene Apfelsorten.

Auch die Krautschicht von Streuobstwiesen zeichnet sich durch eine große Artenvielfalt aus, da nicht gespritzt, kaum gedüngt und nur ein-

Edles Nass
an der Bergstraße

Mönche vom Kloster Lorsch waren es, die zur Zeit Karls des Großen den Weinbau an der Bergstraße einführten. Anbau und Ausschank waren zunächst das Privileg der Klosterbrüder. Später wurde so genannten Strauß- oder Heckenwirten gestattet, selbst gekelterten Wein ungefähr drei Monate im Jahr ohne Konzession auszuschenken. Bis in unsere Tage hat sich dieser Brauch erhalten. Grüne Sträuße und Kränze kennzeichnen im Hessischen, Hecken im Badischen eine Wirtschaft, wo im Hof des Erzeugers für kurze Zeit Wein ausgeschenkt wird. Gleich, ob man in einer Straußwirtschaft einen ›Schoppe petzt‹ oder in einer Heckenwirtschaft ein ›Viertele schlotzt‹: Immer ist es ein ganz besonders uriges Erlebnis.

Überall an der Bergstraße mühen sich Winzer, den sonnigen Hang- und Steillagen edle Tropfen abzugewinnen. Die Reben werden auf kleinen lössbedeckten Hangpartien und Weinbergterrassen gezogen. Träger des Weinbaus sind über 1000 Winzerbetriebe, darunter vor allem Feierabendwinzer, die ihren Wingert in der Freizeit bearbeiten. Das scheint der Qualität zu bekommen, denn jede Einzellage ist stets von unverwechselbarem Charakter. Heppenheimer Guldenzoll, Auerbacher Höllberg und Zwingenberger Steingeröll sind nur einige der vorzüglichen Lagen. Klasse statt Masse, so könnte die Devise der Bergsträßer Winzer lauten.

Die hessisch-badische Grenze teilt das Weinbaugebiet der Bergstraße in zwei Regionen. Im Norden liegt das Weinbaugebiet Hessische Bergstraße. Mit rund 450 Hektar Rebfläche, wovon 50 Hektar auf die Odenwälder Weininsel im Bereich Umstadt entfallen, zählt es zu den kleinsten deutschen Weinbaugebieten. Die größten Anbauflächen finden sich um Heppenheim (230 ha) und Bensheim-Auerbach (150 ha). Die Weine der Hessischen Bergstraße gelten als frisch, fruchtig und würzig. Über die Hälfte des Reblandes dient dem Anbau von Riesling, gefolgt von Müller-Thurgau, Ruländer und Silvaner. Bis heute wird der Weinbau auf überwiegend kleinen Parzellen durch eine relativ große Zahl von Winzern betrieben, die in zwei Genossenschaften zusammengeschlossen sind.

Nach Süden schließt sich die Badische Bergstraße an, die von Laudenbach bis Wiesloch reicht und 650 Hektar umfasst. Auch im Badischen spielt der Anbau von Riesling die wichtigste Rolle. Daneben werden blumigere Spezialitäten kultiviert, darunter ein bemerkenswerter Weißburgunder.

Mit einer großen Weinprobe wird alljährlich in der ersten Septemberwoche das Bergsträßer Winzerfest in Bensheim eröffnet. Neun Tage lang steht die historische Altstadt ganz im Zeichen des edlen Nass. Während dieser Zeit betreiben einige Winzer auch die traditionellen Straußwirtschaften. Am letzten Wochenende im Juni beginnt der ebenfalls neuntägige Bergsträßer Weinmarkt in Heppenheim. Er findet in den Gemäuern des Kurmainzer Amtshofes und des Winzerhofes sowie rund um den historischen Marktplatz statt. Jeweils am Wochenende nach dem 15. September wird in Groß-Umstadt das Odenwälder Winzerfest gefeiert.

Die Informationsbroschüre ›Wein & Gastlichkeit im Weinbaugebiet Hessische Bergstraße‹ mit nützlichen Adressen von Weinbaubetrieben, Weinlokalen, Geschäftszeiten usw. sowie weitere Informationen sind vom Weinbauverband Hessische Bergstraße e.V., Kettelerstraße 29, 64646 Heppenheim, Tel. 0 62 52 / 7 56 54, Fax 78 82 56 erhältlich.

Vom Urwald zur Kulturlandschaft

Ein dichter Forst breitete sich im Tertiär in Mitteleuropa aus, mit Magnolien, Zedern, Mammutbäumen und vielen anderen exotischen Gehölzen. Im Quartär kamen die Eiszeiten. Eine Katastrophe brach über den Kontinent herein, gewaltige Gletscher schoben sich nach Deutschland vor. Die Mittelgebirge blieben vom ewigen Eis verschont, aber es herrschte ein rauhes Klima. Stürmische Staubwinde fegten durch eine karge, subarktische Landschaft, in der nur wenige Pflanzen den harschen Umweltbedingungen zu trotzen vermochten. Der

Wald war völlig verschwunden. Stattdessen breiteten sich öde, mit Gesteinsschutt und Geröll übersäte Felsfluren aus.

Als es vor etwa 10 000 Jahren allmählich wieder wärmer wurde, besiedelten zunächst Birken und Kiefern die kahle Landschaft. Später kamen Haselsträucher hinzu. Ihre Vorherrschaft wurde um 6000 v.Chr. von Eichen, Ulmen und Linden abgelöst. Schließlich wurden auch Buchen heimisch, die bis heute unter natürlichen Bedingungen im Odenwald überwiegen. Bereits mit den ersten Ackerbauern, die sich etwa

3000 v.Chr. am Rande des Odenwaldes niederließen, begann sich
der Urwald zu wandeln. Auf den ge-
rodeten Flächen sproß nicht nur das
angebaute Getreide, sondern auch
eine Vielzahl aus Asien einge-
schleppter und eingewanderter
Wildkräuter. Überdies boten die
neugeschaffenen waldfreien Gebie-
ten auch solchen Pflanzenarten
passende Lebensbedingungen, die
in den schattigen Buchenforsten
keine ökologische Nische hätten
finden können.

Mit dem Wandel zur Kulturlandschaft nahm die Artenvielfalt lange
Zeit zu. Felder und Weideland,
Obstgärten und Weinberge, Auwie-
sen und Brachflächen bereicherten
das Landschaftsbild und bildeten
mit ihren unterschiedlichen Stand-
ortbedingungen neue Lebensräu-
me. Die Römer machten die Esska-
stanie an den Sonnenhängen der
Bergstraße und im Neckartal heimisch.

Durch vermehrten Holzbedarf
zum Bauen und Heizen, aber auch
als Brennstoff für Erz- und Glashüt-
ten, zum Teerschwelen und zur Ge-
winnung von Gerbrinde ging der
Waldbestand bis Ende des 18. Jh.
allmählich zurück. Mit Erlassung
der hessischen Forstordnung (1811)
und des badischen Forstgesetzes
(1833) begann eine neue Ära der
Waldwirtschaft. Eine möglichst
große, qualitativ hochwertige Holz-
produktion war nun oberstes Ge-
bot. Vielfach folgte eine rasche
Wiederaufforstung mit schnell-
wüchsigen, jedoch zumeist stand-
ordfremden Fichten und Kiefern, da
diese Baumarten unempfindlich gegen widrige Bodenbedingungen
sind.

Nachdem Kiefern bereits seit
1750 angepflanzt wurden, entstanden im Laufe des 19. Jh. die ersten
großen Monokulturen mit Fichten –
einem Baum, der von Natur aus nur
in den Hochlagen des Gebirges vor-
kommt.

Dank der Aufforstungen während
der letzten zweihundert Jahre ist
der Odenwald heute überwiegend
waldbedeckt. Im Kristallinen Odenwald herrschen naturnahe Buchenmischwälder mit prächtigen Altbe-
ständen vor. In tieferen Lagen gedeihen Waldgesellschaften aus
Hainbuchen und Eichen. An steilen
Hängen und in feuchten Talmulden
stockt unter natürlichen Bedingungen Schluchtwald aus Ahorn und
Esche, während die Bachläufe vielfach von Schwarzerlen gesäumt
sind. Zu den strauchartigen Gehölzen in Laubmischwäldern, die man
als Wanderer häufig zu Gesicht be-
kommt, gehören Schwarzer und Roter Holunder, Eberesche, Weißdorn,
Hasel und Schneeball.

Auch im Buntsandstein-Odenwald waren einst Laubwälder weit
verbreitet, doch wurden seine nähr-
stoffarmen Böden hauptsächlich
mit Fichten und Kiefern aufgefor-
stet. Im Bodenbewuchs des Kie-
fernwaldes ist die Heidelbeere an-
zutreffen. Seit Anfang des Jahrhunderts werden in Höhenlagen über
300 m auch nordamerikanische
Douglasien und Weymouthskiefern
angepflanzt. Mit ihnen und anderen
Gehölzen wie der Robinie halten
Exoten im Odenwald Einzug, deren
nahe Verwandte erst durch die Eiszeiten aus unseren Breiten vertrie-
ben wurden, im Tertiär hingegen
noch zur heimischen Pflanzenwelt
gehörten.

Tour 1

Vom Monster keine Spur ...

Von Malchen auf den Langen Berg

Den nördlichsten Ausläufer der Bergstraße haben wir heute im Visier. Von Malchen am Fuße des Langen Berges wandern wir zur Ruine Frankenstein hinauf, um den herrlichen Ausblick zu genießen. Anschließend begeben wir uns zu den Magnetsteinen, unscheinbaren Felsen im Wald mit ungewöhnlicher Eigenschaft.

DIE WANDERUNG IN KÜRZE	
+ Anspruch	**Charakter:** Leichte Waldwege und Pfade, zumeist schattig, angenehm zu gehen
3.15 Std. Gehzeit	**Wanderkarte:** Topographische Naturparkkarte 1 : 50 000 Bergstraße-Odenwald Nordwest
10 km Länge	**Einkehrmöglichkeiten:** Burgrestaurant Frankenstein

Anfahrt: Mit dem Kfz: Autofahrer kommen über die A5 oder B3.
Mit Bus und Bahn: Vom Hauptbahnhof Darmstadt mit Bus oder Straßenbahn zwei Stationen zur Haltestelle Rhein/Neckarstraße. Hier umsteigen in die Straßenbahn nach Malchen (Richtung Alsbach).

Von der **Straßenbahnhaltestelle Malchen** folgen wir der Frankensteiner Straße in den Ort hinauf. Der Ortsname leitet sich von althochdeutsch *malsc* = steil ab und charakterisiert die Lage des Dorfes am Berghang. Nach dem Kirchlein passieren wir die Dorflinde (Naturdenkmal). Der knorrige, erheblich gestutzte Baum gilt als die älteste echte Dorflinde im Odenwald. Bereits

1533 tagte unter ihrem Geäst das Dorfgericht. Wir laufen bis zur nächsten Straßenkreuzung und biegen mit der Frankensteiner Straße nach links.

Nach den letzten Häusern geht es ganz kurz am Waldrand entlang, ehe wir an der Gabelung in den Forst eintauchen (Schild ›Wasserschutzgebiet‹). In der artenreichen Krautschicht des Waldbodens macht das

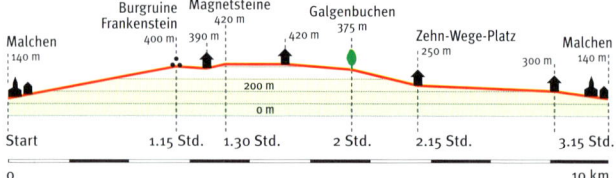

Malchen 140 m — Start | Burgruine Frankenstein 400 m — 1.15 Std. | Magnetsteine 420 m / 390 m — 1.30 Std. | 420 m | Galgenbuchen 375 m — 2 Std. | Zehn-Wege-Platz 250 m — 2.15 Std. | 300 m | Malchen 140 m — 3.15 Std.
200 m · 0 m
0 · 10 km

vorherrschende Große Springkraut seinem Namen alle Ehre.

Auf dem Hauptweg wandern wir im Wald empor. Kurz nach einer **Wegkreuzung** (Jagen ›355 Sausteige‹) überqueren wir eine Fahrstraße und wandern auf dem etwas zugewachsenen Waldweg weiter hangaufwärts. Über eine große **Wegverzweigung** (Jagen ›353 Schlossberg‹) gehen wir geradeaus hinweg, um auf einem Waldpfad kräftig anzusteigen. Im Juni erfüllt der süße Blütenduft des Holunders die Luft. An einer Gabelung halten wir uns rechts und folgen dem Waldpfad zum Eingangsportal der **Burgruine Frankenstein** (1.15 Std.).

Zu den illustren Besuchern von Burg Frankenstein zählte auch die englische Schriftstellerin Mary Shelley, die bei einer Schiffsreise auf dem Rhein 1814 einen Abstecher zu ›Frankenstein Castle‹ machte. In ihrem Roman ›Frankenstein‹ schilderte sie das gleichnamige Monster und begründete damit das Horror-Genre. Inspiriert wurde die Autorin offenbar durch die Gruselgeschichten, die sich um die Burg rankten. Niemand anderes als ihre Stiefmutter hatte nämlich die Grimmschen Märchen ins Englische übertragen und stand im Briefwechsel mit Jacob Grimm. Noch heute wird in der British Library ein Brief des Märchensammlers an seine Übersetzerin verwahrt, in dem er von der Schauergeschichte vom Monster erzählt. Realer Hintergrund der Sage ist offenbar der südhessische Theologe und Alchimist Johann Konrad Dippel, der im 17. Jh. lebte und im Auftrag des Darmstädter Großherzogs im Turm der Burg ein Laboratorium eingerichtet hatte. Dippel hat offenbar auch Obduktionen vorgenommen und geriet schließlich in den Ruf, ei-

nen Pakt mit dem Bösen geschlossen zu haben.

Vom Wehrgang der Burg schweift der Blick in die Rhein-Main-Ebene mit den einrahmenden Gebirgszügen von Pfälzer Wald, Donnersberg, Hunsrück und Taunus. Werktags macht sich im Nordosten ein riesiger Basalt- und Gabbrosteinbruch durch Sprenggeräusche bemerkbar.

Über die Zufahrt der Burg gelangen wir am Parkplatz vorbei zur Fahrstraße, überqueren sie und steigen geradeaus auf dem Waldweg an. Ab jetzt orientieren wir uns am blauen B. Bald nach der **Felsing-Hütte** weist uns das Zeichen nach links. Wir nähern uns der höchsten Erhebung im Wald und gehen die kleine Anhöhe empor, auf der sich ein **Trigonometrischer Punkt** (›TP‹) befindet (1.30 Std.). Das hier zu Tage tretende Gestein weist eine leichte Magnetisierung auf. Es ist der im Gabbro enthaltene Magnetit, der die Kompassnadel schwach ablenkt. Die

Buchenwald am Langen Berg

Magnetsteine auf dem Langen Berg sind als Naturdenkmal ausgewiesen, so dass kein Gestein abgeschlagen oder mitgenommen werden darf.

Der markierte Wanderpfad führt uns um die Anhöhe herum und zu weiteren Felsen aus Gabbrogestein, die teilweise ebenfalls magnetisch sind. Unser Zeichen lotst uns durch den Wald und unterhalb der **Franz-Bingel-Hütte** vorbei, die sich im Laub versteckt.

Unmittelbar danach halten wir uns an der Gabelung links. In der Senke gehen wir geradeaus über eine Wegverzweigung hinweg. Links öffnet sich kurz eine schöne Sicht auf Frankenhausen. Wir folgen stets dem Zeichen und wandern geradeaus im Wald hinab.

Unvermittelt erblicken wir rechts die **Galgenbuchen** (2 Std.), zwei in etwa drei Meter Höhe zusammengewachsene, mittlerweile jedoch abgestorbene Bäume. Dahinter geht es recht steil bergab; in Blickrichtung vor uns erhebt sich der Melibokus. Wir gelangen auf einen geschotterten Forstweg (›Galgenweg‹), der uns in einigen Serpentinen zur Ernst-Ludwigs-Hütte am **Zehn-Wege-Platz** hinabführt (2.15 Std.).

An der Kreuzung verabschieden wir uns von dem blauen B und biegen scharf in den Herrnweg (Holztafel) ein. Mit kaum merklicher Steigung führt uns dieser bequeme Hangweg durch wunderschönen Buchenhochwald. Wir schneiden den 18-Minuten-Weg/Frankensteiner Weg und werden nun vom gelben F begleitet. An der nächsten Gabelung halten wir uns links, weiter am Hang entlang. An einer Schutzhütte trennen wir uns vom gelben F und wandern schräg links den Hang hinunter.

Bald überschreiten wir eine Wegkreuzung (Schild ›Wasserschutzgebiet‹) und folgen einem unscheinbaren Pfad am Rande eines alten Hohlwegs bergab. Der Hohlweg führt zu einer eingezäunten Wasserpumpstation. Wir gehen rechts daran vorbei zum nahen Ortsrand von **Malchen** hinunter. Die Frankensteiner Straße führt uns zur **Straßenbahnhaltestelle** zurück (3.15 Std.).

Spuren römischer Steinmetzen

Von Jugenheim zum Felsenmeer

Auf dem Heiligenberg über Jugenheim erwarten uns eine romantische Kirchenruine, eine uralte Zentlinde und ein Schloss. Anschließend wandern wir über die waldigen Höhen der Bergstraße zum Felsberg. Rund um das berühmte Felsenmeer entdecken wir behauene Steinblöcke aus der Römerzeit.

DIE WANDERUNG IN KÜRZE

++ Anspruch	**Charakter:** Ausgedehnte, aber wenig schwere Wanderung, überwiegend durch Wald	Autofahrer kommen über die A5 oder B3. **Mit Bus oder Bahn:** Vom Hauptbahnhof Darmstadt mit Bus oder Straßenbahn zwei Stationen zur Haltestelle Rhein/Neckarstraße. Hier umsteigen in die Straßenbahn (Richtung Alsbach) bis zur Haltestelle Ludwigstraße in Jugenheim.
6 Std. Gehzeit	**Wanderkarte:** Topographische Naturparkkarte 1 : 50 000 Bergstraße-Odenwald Nordwest	
16 km Länge	**Einkehrmöglichkeiten:** Waldrestaurant Felsberg	
	Anfahrt: Mit dem Kfz:	

Von der **Straßenbahnhaltestelle** in **Jugenheim** führt uns die Ludwigstraße in den Ort hinein. Vor dem **Haus Krone,** einst das renommierteste Hotel an der Bergstraße (heute Altenheim), biegen wir links in die Hauptstraße. Hinter Haus Nr. 18 gehen wir rechts einen Fußweg hinauf, überqueren sogleich die Louis-Mountbatten-Straße und steigen am waldigen Hang an. Rechts erhebt sich die evangelische Kirche von Jugenheim. Ursprünglich 1263 erbaut, erfolgte 1856 der Umbau auf heutigem Grundriss. Die schönen Buntglasfenster stammen vom Anfang dieses Jahrhunderts.

Unser Fußweg führt über eine Straße hinweg weiter bergauf und mündet dann auf eine Straße, die geradeaus zu Schloss Heiligenberg hinaufführt.

Zunächst machen wir jedoch einen Abstecher auf den **Heiligenberg,** indem wir die Straße überqueren und uns vor dem Teich (am gegenüberliegenden Ufer steht ein stattlicher Mammutbaum) scharf nach rechts wenden. Der Weg geleitet nach kurzem Anstieg zu einer Kirchenruine, die an ein längst verschwundenes Nonnenkloster erinnert.

Dahinter ist eine fast tausendjährige Zentlinde zu bewundern, unter deren Geäst vom Mittelalter bis in das 17. Jh. Recht gesprochen wurde. Ganz vorn auf dem Bergrücken steht das Mausoleum der Battenberger von 1894.

Wir gehen zum Teich zurück und die Straße zu **Schloss Heiligenberg** (45 Min.) hinauf. Die nachklassizistische Vierflügelanlage diente im vorigen Jahrhundert als großherzogliche Sommerresidenz und entwickelte sich zum illustren Treffpunkt des europäischen Hochadels. Kein Geringerer als Zar Alexander II. von Russland, verheiratet mit einer Tochter des hessischen Großherzogs, weilte mit seiner Familie häufig auf Schloss Heiligenberg. Das Gebäude gehört heute dem Land Hessen und beherbergt ganz profan das Hessische Institut für Lehrerfortbildung.

Am Schloss wenden wir uns nach rechts. Von der Balustrade ging der Blick einst in die Rheinebene, doch üppiger Baumbewuchs engt die Sicht heute stark ein. Wir gehen unter alten Linden an der Balustrade entlang und auf dem Weg im Wald weiter. Bald gelangen wir auf einen Forstweg und biegen scharf nach links. Kurz danach bleiben wir an einer Wegverzweigung geradeaus auf dem Hauptweg. Dieser schöne Forstweg führt uns allmählich ansteigend, dann leicht bergab um den Marienberg herum.

Hinter einer rot-weißen Eisenschranke laufen wir geradeaus auf dem Asphaltsträßchen weiter und treten an der mittlerweise gänzlich abgestorbenen **Kaiserbuche** (1.15 Std.) kurz aus dem Wald heraus. Der Blick schweift über die kuppige Landschaft des Kristallinen Odenwaldes. Das Sträßchen führt sogleich wieder in den Forst und steigt kurze Zeit an. An seiner höchsten Stelle biegen wir an einer Kreuzung rechts auf den Waldweg ab und gehen weiter bergauf. Oberhalb des Gehöftes **Hainzenklingen,** das zwischen den Bäumen links unten in der Niederung erkennbar ist, halten wir uns an der Gabelung links und wandern sogleich an einer Wegverzweigung geradeaus kräftig ansteigend weiter. Wir kommen schließlich rechts an einer eingezäunten Schutzhütte vorbei und gehen kurz danach geradeaus über eine Wegkreuzung hinweg. Bald erreichen wir den Waldrand; rechts lädt eine Schutzhütte zur Rast. Der Blick schweift über die offene Niederung hinweg auf den Felsberg, der aus der Ferne noch nichts von seinem Geheimnis verrät. Ein Feldweg führt uns zur Fahrstraße im Tal hinab. Wir folgen ihr am **Gasthof Kuralpe** (2.15 Std.) vorbei, ehe wir am Parkplatz (Bushaltestelle) schräg nach rechts biegen und uns dem weißen X anschließen. Dieses Zeichen dient die nächste Zeit der Orientierung. An der nahen Weggabelung vor einem Gehölz halten wir uns rechts.

Unser Weg taucht bald in den Wald ein und steigt geradeaus zum Waldrestaurant auf dem **Felsberg** (2.45 Std.) an. Wir wenden uns nach links, laufen an der Gaststätte vorbei zum Parkplatz und gehen den markierten Weg nach links hinab. In der Nähe der Schutzhütte Gries-

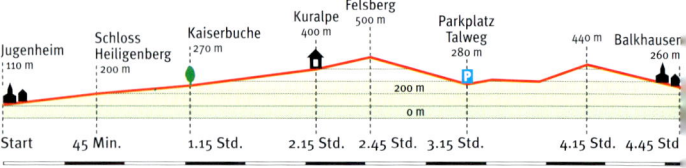

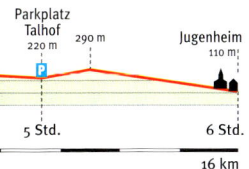

hammer Ruhe beginnen sich die Granitbrocken im Buchenwald zu mehren, und sogleich tauchen auch die ersten bearbeiteten Steinblöcke auf.

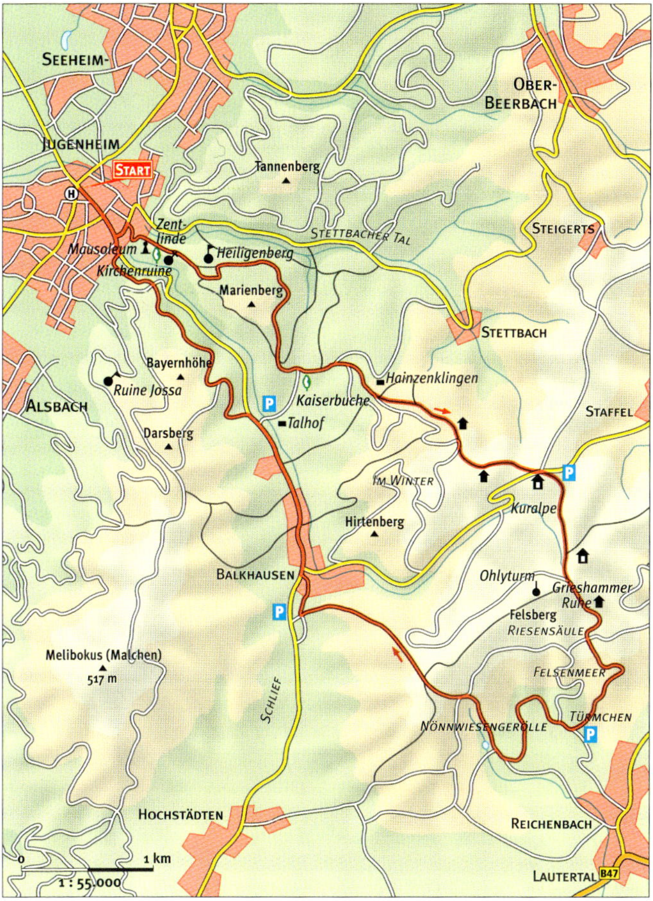

Unsere Wanderroute, weiter mit dem weißen X markiert, führt an dem ›Geschrammten Stein‹, der ›Pyramide‹ und dem ›Altarstein‹ vorbei zur berühmten Riesensäule hinunter. Hinter dem **Waldkiosk** steigen wir am Rande des Felsenmeeres recht steil bergab. Eine Holzbrücke gewährt einen eindrucksvollen Blick auf diese erstaunliche Naturerscheinung. An der Gabelung hinter der Brücke gehen wir zunächst rechts den Hauptweg hinunter, ehe wir rechts auf den markierten Fußweg abbiegen und über Hangstufen absteigen. Am nächsten Querweg trennen wir uns von dem Zeichen und wenden uns nach rechts. Wir durchqueren das Felsenmeer ein letztes Mal und wandern auf dem Hauptweg weiter. Bald kommt am linken Wegesrand ein **Türmchen** (Deutsche Steinindustrie AG). Danach nähern wir uns dem Waldrand; links im Tal liegt Reichenbach.

Am **Parkplatz Talweg** (3.15 Std.) gelangen wir auf ein Asphaltsträßchen, dem wir nach rechts in den Wald folgen. Das blaue Dreieck dient nun auf der gesamten restlichen Wanderung der Orientierung. An der Weggabelung am Ende der asphaltierten Fahrbahn halten wir uns links. Die nächste Zeit begleitet uns ein interessanter Vogel- und Naturlehrpfad. Unser Weg durchquert schon bald ein kleineres Felsenmeer, die so genannten **Nönnwiesengerölle,** und verläuft danach am waldigen Hang ganz allmählich bergab.

Kurz nach Einmündung eines Betonsträßchens passieren wir ein **Wasserwerk** (rechts des Weges gelegen), verlassen hier den Hauptweg und steigen geradeaus auf dem markierten Fußweg an. Linker Hand liegt ein idyllischer Amphibienteich mit Erdkröten, Bergmolchen und Grasfröschen. Nach zehnminütigem Anstieg folgen wir einem Querweg etwa 30 Meter nach rechts, ehe wir links die Fortsetzung unserer spärlich markierten Aufstiegsroute finden. Das Zeichen lotst uns auf einem unscheinbaren Pfad, der durch Brombeerranken führt, im Wald empor.

Schließlich erreichen wir eine Wegkreuzung, an der wir geradeaus auf dem markierten Waldweg weiter ansteigen. Auf der Anhöhe gehen wir geradeaus über die **Kreuzung**

(4.15 Std.) hinweg. Vorübergehend öffnet sich der Blick in die Rheinebene. Im Westen erhebt sich die bewaldete Kuppe des Melibokus. Gemächlich geht es nun mit dem blauen Dreieck bergab; unsere Route schneidet schon bald einen Forstweg. Wir treten schließlich aus dem Wald heraus und wandern über die offene Flur zu Tal. Eine Sitzgruppe mit schöner Aussicht lädt zur Rast. Aus der Ferne grüßt die Ruine des Auerbacher Schlosses. An der Kreuzung vor einem Parkplatz folgen wir dem markierten Sträßchen rechts nach **Balkhausen** (4.45 Std.) hinunter. Die Felsbergstraße führt uns nach links durch das langgestreckte Straßendorf.

Hinter dem Ortsende laufen wir noch ein kurzes Stück entlang der Fahrstraße, ehe wir gegenüber dem **Parkplatz Talhof** (5 Std.) links auf den markierten Weg abbiegen und im Wald ansteigen. Wir gelangen schließlich auf einen Forstweg, dem wir nach rechts bergab folgen. Das blaue Dreieck ist weiterhin unser Begleiter. Durch den schönen Buchenbestand auf der Bayernhöhe schlängelt sich der Weg allmählich nach Jugenheim hinunter. Im historischen Villenviertel am Ortsrand kommen wir am ›Blauen Haus‹ vorbei, das 1863 im Pariser Landhausstil entstand. Weiter unten in **Jugenheim** (6 Std.) passieren wir wieder das Haus Krone und kehren durch die Ludwigstraße zur **Straßenbahnhaltestelle** zurück.

Stumme Zeugen römischer Steinmetzen

Die gewaltige Ansammlung herumliegender Granitblöcke auf dem Felsberg diente einst den Römern als gut zugänglicher Steinbruch. Über einen

Römische Riesensäule

Zeitraum von rund zweihundert Jahren, von etwa 175 n. Chr. bis 375 n. Chr., wurden hier Steine gebrochen. Bis heute sind die Spuren römischer Steinhauer auf Schritt und Tritt sichtbar, wie in einem Freilichtmuseum lassen sich antike Bearbeitungstechniken studieren. Über 300 Werkstücke in unterschiedlichen Fertigungsstadien, zumeist misslungene Arbeiten und Abfallreste abtransportierter Blöcke, liegen noch an Ort und Stelle. Heute gebräuchliche Namen wie ›Altarstein‹ oder ›Schiff‹ besagen allerdings nichts über den einstmals zugedachten Verwendungszweck, sondern ergeben sich aus ihrer zuweilen auffälligen Gestalt.

Informationstafeln an den berühmtesten Granitblöcken erläutern anschaulich die römische Steinbearbeitung mittels Keilspaltung und Steinsägen. Fertige Arbeiten wie die gewaltige, über neun Meter lange und 27,5 Tonnen schwere Riesensäule sind offenbar beim Rückzug der Römer liegengeblieben. Wie die tonnenschweren Werkstücke zum römischen Rheinhafen Gernsheim transportiert wurden, von wo sie auf dem Schiff nachweislich bis nach Trier gelangten,

bleibt ein Rätsel. Eine mineralogische Analyse der Granitsäule vor dem Trierer Dom hat jedenfalls bestätigt, daß sie – ebenso wie die drei anderen Säulen, die einst den römischen Kernbau (4. Jh.) schmückten – tatsächlich vom Felsberg stammt.

Nach dem Abzug der Römer fiel der Steinbruch in einen Dornröschenschlaf, der anderthalb Jahrtausende währte. Erst als Ende des vorigen Jahrhunderts die Granitindustrie im Vorderen Odenwald aufblühte, wurden auch am Felsberg wieder Steine gebrochen. Der Granit wurde als Baumaterial sowie zu Rand- und Grenzsteinen, später auch zu Grabsteinen verarbeitet und war insbesondere im Norden Deutschlands sehr gefragt. In den rheinischen Städten und norddeutschen Häfen fand Odenwälder Granit besonders häufig Verwendung, da das Gestein verhältnismäßig einfach auf dem Schiff herantransportiert werden konnte. Bei der Odenwälder Bevölkerung konnte sich Granit hingegen nicht als Baumaterial durchsetzen, da er für eine Bearbeitung zu hart war, und so blieb es bei der Verwendung von Buntsandstein aus dem Hinteren Odenwald.

Tour 3

Hier irrten die Gelehrten

Von Zwingenberg an der Bergstraße auf den Melibokus

Sonnige Weinberge bilden den Auftakt dieser Wanderung, die zumeist auf schattigen Waldwegen verläuft. Unterwegs besuchen wir zwei romantische Burgruinen. Ein kräftiger Aufstieg führt uns auf den Melibokus, die höchste Erhebung des Vorderen Odenwaldes.

DIE WANDERUNG IN KÜRZE

++
Anspruch

5 Std.
Gehzeit

14 km
Länge

Charakter: Ausgedehnte Wanderung auf überwiegend schattigen Waldwegen

Wanderkarte: Topographische Naturparkkarte 1 : 50 000 Bergstraße-Odenwald Nordwest

Einkehrmöglichkeiten: Restaurant Schloss Auerbach, Kiosk auf dem Melibokus, Gaststätte Alsbacher Schloss, Gasthäuser in Zwingenberg.

Anfahrt: Mit dem Kfz: Über die A5 oder B3. **Mit der Bahn:** Zwingenberg liegt an der Bahnstrecke Frankfurt-Heidelberg.

Öffnungszeiten: Ruine Auerbacher Schloss täglich außer Mo 10–18 Uhr; **Kiosk Aussichtsturm Melibokus** Sa/So und an Feiertagen 11–17 Uhr; **Zwingenberger Heimatmuseum**, Scheuergasse 11, So und an Feiertagen 14–17 Uhr

Am **Bahnhof** von **Zwingenberg** folgen wir der Bahnhofstraße in den Ort. Wir stoßen auf die Durchgangsstraße (B3), gehen nach rechts und dann sogleich links (vor dem historischen **Gasthaus Zum Löwen** aus dem Jahr 1595) über den Löwenplatz. Nun wenden wir uns nach rechts und sehen das schmucke Rathaus, einen ehemaligen Burgman-

nensitz. Die Obergasse führt uns durch die Altstadt; über den Fachwerkhäusern erhebt sich die trutzige Bergkirche am Hang. Wir gehen am Marktplatz vorbei, erreichen das ehemalige Amtsgericht am **Obertor** (1561–63; es diente ursprünglich den hessischen Landgrafen als Jagdschloss) und biegen nach links. Der Straßenzug Hohl geleitet uns durch

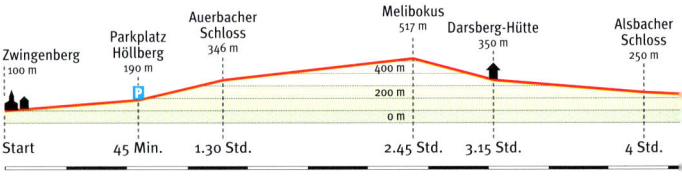

Zwingenberg 100 m	Parkplatz Höllberg 190 m	Auerbacher Schloss 346 m		Melibokus 517 m	Darsberg-Hütte 350 m	Alsbacher Schloss 250 m
Start	45 Min.	1.30 Std.		2.45 Std.	3.15 Std.	4 Std.

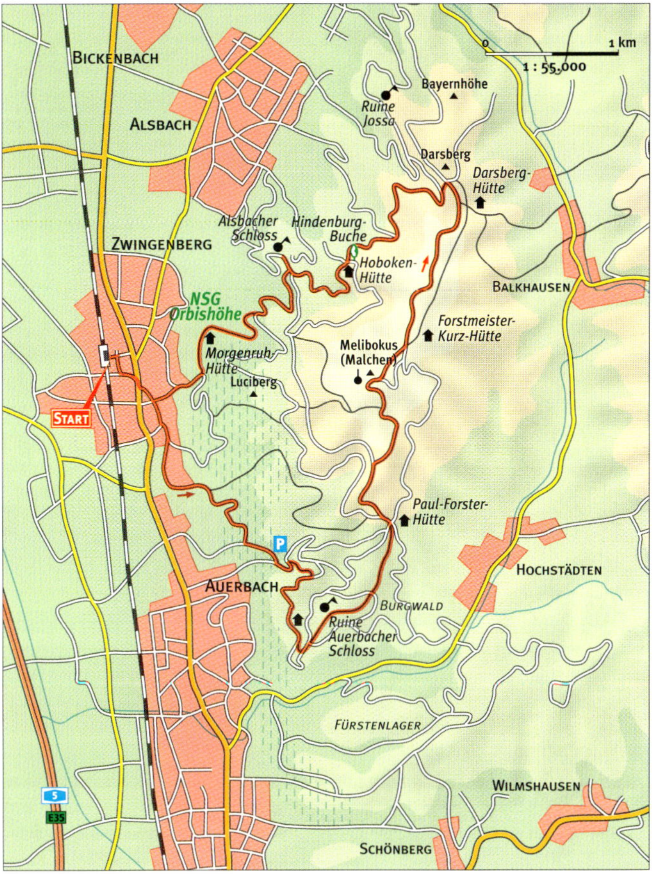

ein Wohngebiet, ehe wir gegenüber Haus Nr. 35 links in einen **Hohlweg** (›Blütenweg‹) einbiegen.

Wir lassen den Ort hinter uns und gelangen durch die Hohle in die

Weinberge. An einer Gabelung halten wir uns links und biegen gleich darauf an einer Informationstafel des Verkehrsvereins Zwingenberg nach rechts. Mit dem Wegzeichen blaues B wandern wir durch das Rebland. An einer Gabelung halten wir uns links und kommen zum Waldrand am **Parkplatz Höllberg** (45 Min.). Nach dem Parkplatz gelangen wir auf eine Fahrstraße, laufen nach links zur ersten Rechtskurve hinauf und biegen rechts auf den Fußweg ab. Wir wandern geradeaus, bis wir direkt hinter der **Dr.-Wilh.-Hahn-Hütte** den Weg verlassen und links (blaues B) einen Pfad zu einem Asphaltsträßchen emporsteigen. Wir folgen dem Sträßchen nach links bergauf, gehen einen Querweg wenige Meter nach rechts und wandern den anfänglich gestuften Pfad hinauf. Sogleich halten wir uns an einer Gabelung rechts. Bald danach trennen wir uns von dem Zeichen, biegen scharf nach links und alsbald wieder nach rechts, um zum Burgtor des **Auerbacher Schlosses** zu gelangen (1.30 Std.).

Im Bergwald über dem gleichnamigen Dorf gelegen, ist die größte Burgruine an der Bergstraße von weither sichtbar. Die Bergfeste wurde bis Ende des 17. Jh. bewohnt, ehe sie allmählich verfiel. Noch die Ruine mit ihrem hohen dreistöckigen Hauptgebäude, der mächtigen Schildmauer und dem doppelten Zwinger zeugt von der Wehrhaftigkeit der weiträumigen Anlage. Die Bezeichnung ›Schloss‹ ist erst seit Instandsetzung der Burgruine Ende des vorigen Jahrhunderts geläufig; früher wurde die Feste schlicht Urberg oder Auerbach genannt.

Nach Besichtigung der Anlage gehen wir die Zufahrtsstraße an Parkplätzen vorbei hinunter, geradeaus über eine Straßenkreuzung hinweg und an einem weiteren Parkplatz vorbei. Ein ebenerdiger Weg führt uns von hier zur **Paul-Forster-Hütte.** Kurz danach überqueren wir die Fahrstraße und biegen links auf den Waldweg, der mit der gelben Ziffer 6 im Kreis markiert ist, und passieren die rot-weiße Eisenschranke. Das Wegzeichen dient während des restlichen Aufstiegs zum **Melibokus** (2.45 Std.) der Orientierung. Der Aussichtsturm gewährt einen hinreißenden Rundblick über die Berg-

straße und den Vorderen Odenwald. An dunstarmen Tagen sind jenseits der Rheinebene das Nordpfälzer Bergland, die Haardt und die Vogesen erkennbar.

Wir folgen dem Fahrweg rechts um die militärische Anlage herum bis zu deren Eingang, überqueren die Zufahrt und laufen einen Waldpfad hinab. An der **Forstmeister-Kurz-Hütte** berührt unser Pfad zum zweiten Mal die Straße. Hier trennen wir uns von der Ziffer 6, die nach rechts abschwenkt, und wandern geradeaus an der Förster-Dörr-Eiche vorbei. Gleich danach halten wir uns an der Weggabelung links und passieren eine rot-weiße Eisenschranke. Auf dem Hauptweg wandern wir nun geradeaus bergab.

An der **Darsberg-Hütte** (3.15 Std.) biegen wir scharf links auf einen Seitenweg ab. Alsbald folgt eine Gabelung, an der wir uns links halten. In einer Linksbiegung lassen wir den links ansteigenden Weg unbeachtet und wandern weiter auf dem Hauptweg bergab. An der nächsten Gabelung gehen wir den Weg nach links empor, um die große Wegkreuzung an der stattlichen **Hindenburg-Buche** zu erreichen. Wir laufen geradeaus über die Kreuzung hinweg (rechts an der Hoboken-Schutzhütte vorbei). Der Hauptweg führt zunächst gemächlich bergab, ehe er verflacht. Am linken Wegesrand taucht ein Kneippsches Wassertretbecken auf. Wir erreichen kurz darauf einen Kinderspielplatz; rechter Hand lugt das Mauerwerk des **Alsbacher Schlosses** (4 Std.) zwischen den Bäumen hervor. Die Bezeichnung ›Schloss‹ ist etwas irreführend, handelt es sich doch um eine mittelalterliche Festung, die früher Burg Bickenbach hieß. Ursprünglich als Schutzfeste der Reichsabtei Lorsch erbaut, gelangte die Burg nach 1350 in den Besitz mehrerer Erben. Mit ihnen scheint nicht gut Kirschen essen gewesen zu sein, lag man doch über Jahre hinweg mit der Stadt Frankfurt in Fehde. Die Streitigkeiten fanden 1463 ein unrühmliches Ende, als eine Frankfurter Söldnerschar in die Burg eindrang, um sie auszurauben und anschließend in Brand zu stecken. Kurz darauf wurde die Anlage zwar wieder aufgebaut, doch seit dem 17. Jh. ist die bedeutungslos gewordene Feste allmählich verfallen. Vom trutzigen Bergfried bietet sich ein schöner Ausblick.

Vom Schloss kehren wir zum Kinderspielplatz zurück und gehen danach an der Verzweigung rechts auf dem Comoder Weg weiter. Auf gleich bleibender Höhe schlängelt sich dieser Hangweg durch ein schönes Waldgebiet. An einer unscheinbaren Wegkreuzung (zwischen Jagen ›6 Dröhling‹ und ›7 Dröhling‹; rote Tafeln an den Bäumen) verlassen wir den Comoder Weg in einer Linksbiegung und gehen rechts einen alten Grenzweg hinab. Wir kommen an einem alten Grenzstein vorbei und biegen kurz danach an einer Verzweigung (Jagen ›8 Traunel‹) nach links auf einen Nebenweg.

Es geht in das schattige **Orbistal** hinunter und in der Talsohle weiter bergab, zunächst auf der linken, dann der rechten und schließlich wieder auf der linken Seite. Wir passieren einen **Wasserbehälter** (rechts im Tal) und laufen kurz danach an einer scharfen Rechtsabzweigung vorbei ansteigend weiter. Einige Stufen führen uns zu einem Hangweg hinab, dem wir nach links folgen. Der Blick schweift über Weinberge und verwilderte Gärten in die Rheinebene. Wir passieren die **Morgenruh-Hütte** (4.30 Std.) und gelangen an einem Steinbruch auf eine betonierte Straße, die wir steil zum Ortsrand von **Zwingenberg** hinabgehen. Der Straßenzug Auf dem Berg führt uns an der Aul vorbei, einem spätmittelalterlichen Eckturm der Stadtmauer. Rund um die trutzige Bergkirche scharen sich malerische Fachwerkhäuser. Über den Löwenplatz gelangt man zum **Bahnhof** zurück (5 Std.).

Ehe man sich auf die Heimreise begibt, lohnt ein Abstecher in die historische Scheuergasse. Man erreicht sie nach Überqueren der Durchgangsstraße (B3) am Löwenplatz. Den Straßenzug säumen eine Reihe ehemaliger Scheunen aus unverputztem Bruchstein oder Fachwerk, die im 18. und 19. Jh. wegen Brandgefahr außerhalb der Stadtmauer errichtet wurden. In den renovierten Gebäuden sind heute Gaststätten, Läden und die heimatkundliche Sammlung des Zwingenberger Museums untergebracht.

Hier irrten die Gelehrten

Mit 517 m bildet der Melibokus die höchste Erhebung des Vorderen Odenwaldes; aus dem steil aufragenden Gebirgssaum an der Bergstraße hebt er sich gleichwohl eher bescheiden hervor. Sein angestammter Name ›Malschen‹ (von althochdeutsch *malsc* = steil) ist schon im Jahre 1012 bezeugt, bekam indes Konkurrenz, als Humanisten die Bücher des antiken Naturforschers Ptolemäus studierten. Sie befanden, der Berg müsse nach der ptolemäischen Geographie eigentlich Melibokus heißen. Als sich später erwies, dass Ptolemäus mit dieser Bezeichnung eigentlich den Harz gemeint hatte, war der vermeintlich richtige Name bereits eingebürgert.

4

Tour

Romantik um den Guten Brunnen

Von Bensheim zum Staatspark Fürstenlager

Ziel der heutigen Wanderrunde durch Weinberge, Wiesen und Wälder ist der reizvolle Staatspark Fürstenlager. Inmitten des englischen Landschaftsgartens liegt eine romantische Kuranlage, die einst dem Darmstädter Hof als Sommerresidenz diente.

DIE WANDERUNG IN KÜRZE

+
Anspruch

Charakter: Leichte Wanderung auf bequemen, überwiegend sonnigen Wegen

Wanderkarte: Topographische Naturparkkarte 1 : 50 000 Bergstraße-Odenwald Nordwest

4 Std.
Gehzeit

Einkehrmöglichkeiten: Café/Restaurant Herrenhaus im Staatspark Fürstenlager, Gartenwirtschaft am Kirchberghäuschen

12 km
Länge

Anfahrt: Mit dem Kfz: Autofahrer kommen über die A5, B47 oder B3 und parken auf dem Parkplatz am Rinnentor. **Mit der Bahn:** Bensheim liegt an der Bahnstrecke Frankfurt–Heidelberg.

Öffnungszeiten: Der **Staatspark Fürstenlager** ist jederzeit frei zugänglich. Ausstellung zur Geschichte des Staatsparks Fürstenlager: Sa und So 10–17 Uhr. **Museum der Stadt Bensheim** am Marktplatz mit sehenswerter Ausstellung zur Stadt- und Regionalgeschichte: Sa 14–16, So 11–17 Uhr.

Nach Verlassen des **Bahnhofs** von **Bensheim** gehen wir unter der Unterführung hindurch geradeaus auf der Bahnhofstraße weiter. Der Querstraße vor einer kleinen Grünanlage folgen wir nach rechts, am Parkplatz vorbei, zum Beginn der Fußgängerzone am Rinnentor. Hinter Haus Nr. 22 biegen wir rechts in die Gerbergasse. Wir gehen geradeaus über einen Platz mit Sandsteinbrunnen hinweg und nehmen die zweite Linksabzweigung (Zeller Straße). Der Grieselstraße folgen wir nach

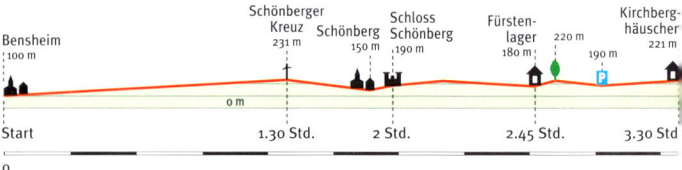

| Bensheim 100 m | Schönberger Kreuz 231 m | Schönberg 150 m | Schloss Schönberg 190 m | Fürsten-lager 180 m | 220 m 190 m | Kirchberg-häuscher 221 m |

0 m

Start | 1.30 Std. | 2 Std. | 2.45 Std. | 3.30 Std

0

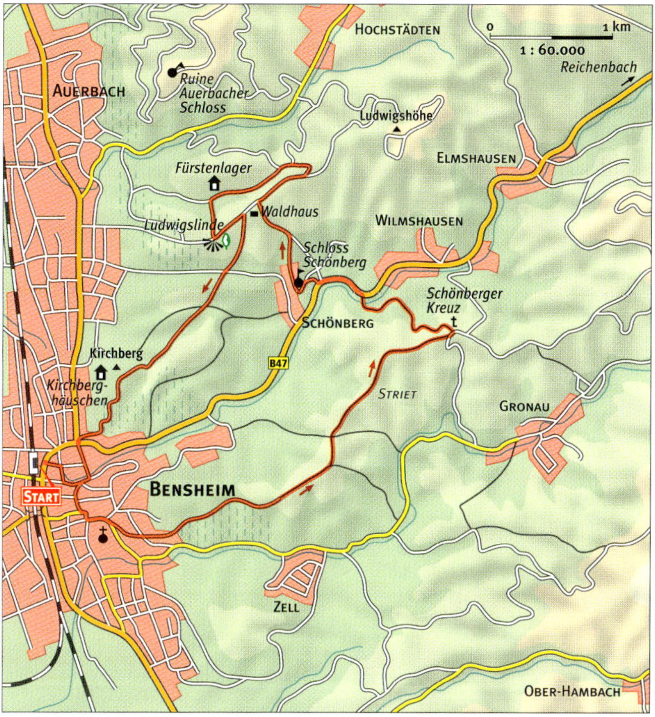

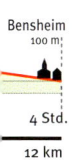

Bensheim
100 m

4 Std.

12 km

rechts am Weingut Mohr vorbei. Die Querstraße gehen wir nach links um eine Rechtskurve. An der **Friedhofskirche** folgen wir dem Röderweg nach links und steigen durch ein Neubaugebiet an. Das Zeichen gelbes Dreieck dient nun der Orientierung.

Ein tiefer schattiger Hohlweg entlässt uns in die Weinberge, doch zunächst bleibt das Rebland unseren Blicken entzogen. Auf der Anhöhe wandern wir geradeaus zwischen Feldern, Wiesen und Weinbergen weiter. Ringsum erstreckt sich die kuppige Landschaft des Kristallinen Odenwaldes, eingerahmt von waldigen Bergen. Wir laufen an einer Rechtsabzweigung vorbei, bleiben an der nächsten Gabelung mit dem gelben Dreieck links auf der Anhöhe und wandern auf dem Feldweg gemächlich dahin.

Am **Schönberger Kreuz** (1.30 Std.) trennen wir uns von dem Zeichen und biegen wir auf den ersten Weg nach links, an der Schutzhütte vorbei. Der Waldweg schlängelt sich allmählich bergab. Am Parkplatz Schönberger Wald folgen wir dem rechten Asphaltsträßchen, überqueren unten im Lautertal die Bundesstraße und folgen ihr links nach Schönberg hinein. Im Ort biegen wir rechts in den Alten Schlossweg, halten uns sogleich an der Gabelung vor dem Brunnen links und steigen den Schlossberg empor. **Schloss Schönberg** (2 Std.) dient als Tagungsstätte und ist der Öffentlichkeit nicht zugänglich. Lohnend ist aber ein Rundgang durch den gegenüberliegenden, wunderschön angelegten Lustgarten.

Vom Schlossplatz gehen wir geradeaus auf dem Fahrweg (›Am Schlosspark‹) weiter und wandern leicht bergan. Er setzt sich asphaltiert fort, führt an einem Reiterhof vorbei und stößt auf eine Querstraße. Wir wenden uns nach links und wandern dann stets geradeaus weiter. Auf einem Feldweg geht es bergan, bis wir am **Waldhaus** auf der Anhöhe auf einen Querweg stoßen und nach rechts weiterwandern. An der nächsten Weggabelung halten wir uns links (Dr.-Lommel-Weg) und treten in den **Staatspark Fürstenlager** ein. Der Hauptweg schwenkt nach links in den Wiesengrund hinab und führt dann geradlinig zum Gebäudekomplex des Fürstenlagers (2.45 Std.). Neben dem schlossartigen Herrenhaus, dessen Fassade auf die Herrenwiese mit dem größten Mammutbaum Europas ausgerichtet ist, liegt die von Linden beschattete Rotunde des Gesundbrunnens.

Links der Herrenwiese steigt unser Weg zum spätklassizistischen **Efeutempel** (1824) mit seiner rührenden Widmung an. Wir gehen nach links weiter zur Anhöhe empor. Ehe wir dem Höhenweg nach links folgen, begeben wir uns wenige Schritte zur ehemaligen Ludwigslinde.

Sobald wir aus dem Schatten der Bäume auf die Aussichtsterrasse hinaustreten, bietet sich eine weite Sicht über den Schönberger Herrnwingert hinweg. Vor uns liegt die waldige Landschaft des Vorderen Odenwaldes, nach rechts schweift der Blick über die Rheinebene bis zum Pfälzer Bergland.

An der nächsten Rechtsabzweigung verlassen wir die Anhöhe. Das blaue B dient nun der Orientierung. Es geht im Wald hinab und dann am Rande des Schönberger Herrnwingerts, dem heutigen Staatsweingut Bergstraße, entlang. Wir laufen geradeaus an einem Parkplatz vorbei, passieren den **Hochbehälter Bensheim** und wandern durch Wald, dem Zeichen folgend, ehe wir am Rande eines Weinbergs herauskommen. Weit schweift der Blick über die Bergstraße in die Rheinebene.

In der Gartenwirtschaft am **Kirchberghäuschen** (3.30 Std.), einem Aussichtstempel, den sich Bensheimer Honoratioren um 1840 als Lusthaus erbauen ließen, lässt es sich herrlich auf der Sonnenterrasse sitzen. Hier verabschieden wir uns von dem Zeichen und laufen auf dem Asphaltsträßchen den Weinberg hinab; an zwei Verzweigungen halten wir uns jeweils links. Wir gelangen zum Ortsrand von **Bensheim** hinab und wenden uns hier nach rechts. Bei den ersten Häusern führt uns eine gepflasterte Gasse zur Nibelungenstraße hinunter, der wir nach rechts folgen. Gegenüber dem Rodensteiner Hof biegen wir links in die Hauptstraße und gelangen in die **Altstadt** (5.45 Std.). Wir beschließen unseren Wandertag mit einem Streifzug durch den historischen Ortskern und einem Besuch des Museums am Marktplatz. Von der Hauptstraße führt die Bahnhofstraße zum Ausgangspunkt zurück.

Das Wachthaus im Fürstenlager

Das Fürstenlager bei Auerbach

Abgeschieden in einem Seitental bei Auerbach liegt ein reizvoller englischer Landschaftsgarten, der seine Anlage einer heilkräftigen Mineralquelle verdankt. Bereits 1767 wurde der ›Gute Brunnen‹ in einer Rotunde aus Sandstein gefasst und ein vorläufiges Badehaus errichtet. Gegen Ende des 18. Jahrhunderts entstand unter Landgraf Ludwig X. von Hessen-Darmstadt, dem späteren Großherzog Ludwig I., eine feudale Kuranlage. Zehn bezaubernde Gebäude, darunter Herrenhaus, Damenbau, Kavalierbau, Wache und verschiedene Wirtschaftsgebäude, sind dorfartig um den Gesundbrunnen angeordnet. Verstreut in der umliegenden Parklandschaft finden sich spätbarocke und romantische Versatzstücke wie das Teehaus, die Eremitage, der Efeutempel, eine künstliche Grotte sowie versteckte Sitzgruppen in der Form von Champignons. In der ländlichen Idylle und Intimität des Fürstenlagers, fern vom steifen Hofzeremoniell, fand der Darmstädter Hof seine Sommerresidenz. Das Prachtstück unter den seltenen Gehölzen ist der 55 m hohe Mammutbaum auf der Herrenwiese.

Das Bollwerk der Klosterbrüder

Von Heppenheim zur Starkenburg

Durch waldiges Bergland führt diese ausgedehnte Wanderung zur Ruine Starkenburg über Heppenheim. Vom Bergfried genießen wir einen herrlichen Ausblick, ehe wir uns in die heimelige Altstadt begeben.

DIE WANDERUNG IN KÜRZE

++
Anspruch

6.30 Std.
Gehzeit

22 km
Länge

Charakter: Ausgedehnte Wanderung über zumeist schattige Waldwege

Wanderkarte: Topographische Naturparkkarte 1 : 50 000 Bergstraße-Odenwald Nordwest

Einkehrmöglichkeiten: Ausflugslokale im Weiler Juhöhe, Burgschenke Starkenburg, Gastwirtschaften am Heppenheimer Marktplatz.

Anfahrt: Mit dem Kfz:

Autofahrer kommen über die A5, B3 oder B460. **Mit der Bahn:** Heppenheim liegt an der Bahnstrecke Frankfurt-Heidelberg.

Öffnungszeiten: Bergfried Starkenburg (Tel. 0 62 52 / 7 73 23) Sa und So 14–18 Uhr. **Museum für Stadtgeschichte und Volkskunde**, Amtsgasse 5, 64646 Heppenheim: Mi, Do und Sa 14–17 Uhr, So und an Feiertagen 14–18 Uhr.

Am **Bahnhof** von **Heppenheim** wenden wir uns nach rechts, laufen bis zur Straßenunterführung und biegen links in die Liebigstraße. Über die große Straßenkreuzung hinweg und durch die Fußgängerzone gelangen wir zum Wormser Tor. Wir gehen durch das unscheinbare Torhaus hindurch und folgen der Marktstraße in die Altstadt. Im Hof Nr. 8/10

sind die Reste eines alten Wohnturms aus Lorscher Zeit sehenswert. Den historischen **Marktplatz** um den Marienbrunnen beherrscht das prächtige Rathaus; gegenüber steht die Löwenapotheke, in der Justus von Liebig einst seine Lehrzeit absolvierte.

Die Gasse ›Laudenbacher Tor‹ führt uns links am Rathaus vorbei.

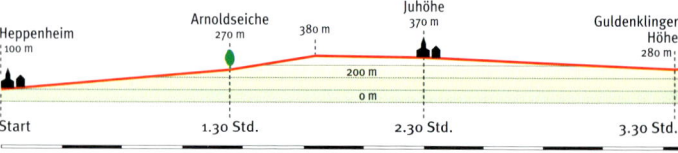

Weinberge bei Heppenhiem

Nun schließen wir uns dem Wegzeichen roter Balken an. Es weist uns links die Merianstraße hinauf, dann rechts in die Ernst-Ludwig-Straße. Hinter den letzten Häusern laufen wir den markierten Pfad zur Talstraße hinab. Wir folgen der Straße ein kurzes Stück geradeaus empor, ehe wir rechts auf den Essigkammweg abbiegen. Sogleich kommt eine Wegkreuzung, an der wir mit dem Asphaltsträßchen scharf nach links schwenken. Im schattigen Wald geht es bergan. An einer Gabelung verlassen wir das Sträßchen und gehen links auf dem markierten Waldweg weiter.

An der Wegkreuzung bei der **Arnoldseiche** (1.30 Std.) biegen wir vor der Schutzhütte nach links und folgen dem Zeichen weiter durch den Forst. Am Waldrand gehen wir an einer Gabelung den markierten Weg nach rechts steil hinauf. Das Zeichen lotst uns durch den Wald. Wir passieren schließlich eine rot-weiße Eisenschranke, gehen zum **Parkplatz An der Lee** hinab und laufen daran entlang. Dahinter halten wir uns an der Weggabelung links, wandern

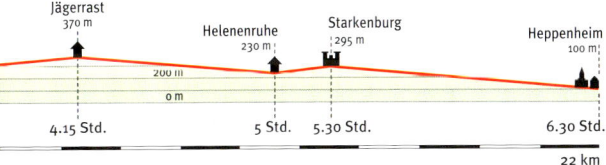

Jägerrast
370 m

Helenenruhe
230 m

Starkenburg
295 m

Heppenheim
100 m

200 m

0 m

4.15 Std.   5 Std.   5.30 Std.   6.30 Std.

22 km

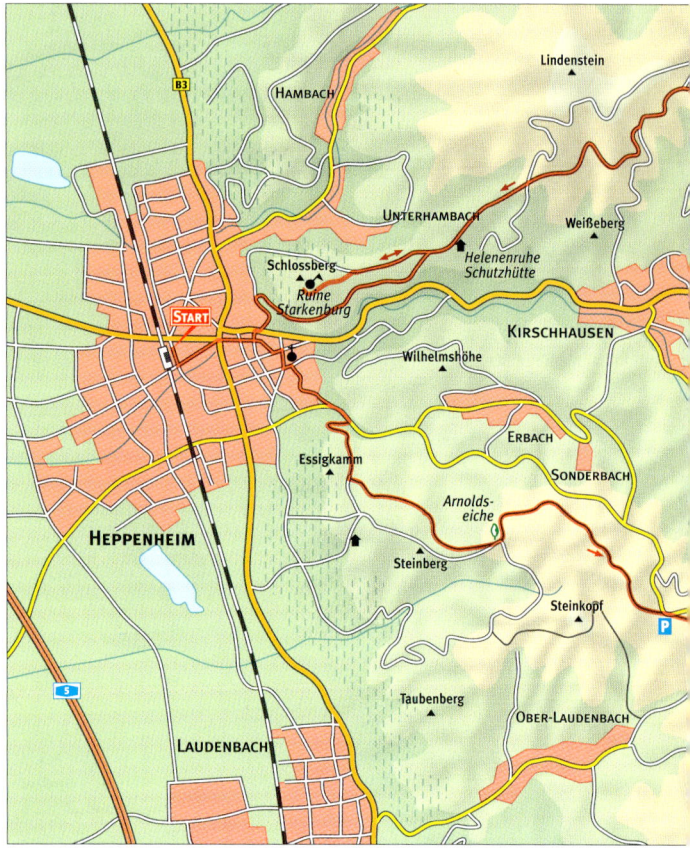

weiter durch Wald und gelangen zur Fahrstraße, die uns nach rechts in den Weiler **Juhöhe** hinabführt (2.30 Std.). Der merkwürdige Ortsname leitet sich vermutlich von Jochhöhe (Passhöhe) ab. Ausflugslokale sorgen für das leibliche Wohl.

An der zentralen Straßenkreuzung biegen wir links ab und orientieren uns nun am weißen X. Nach den letzten Häusern führt der asphaltierte Feldweg über die offene Flur. An einer Gabelung halten wir uns links, gelangen bald in den Wald und kommen an der **Salzkopfhütte** vorbei.

Das Zeichen lotst uns über mehrere Verzweigungen und die Wegkreuzung Waldesruh hinweg zum **Parkplatz Guldenklinger Höhe** (3.30 Std.) hinab.

Im Tal überqueren wir die Bundesstraße, laufen jedoch nicht auf der Kellersberg-Straße weiter, sondern biegen scharf rechts auf den markierten Weg. Im Wald halten wir uns an der Verzweigung links, stoßen schließlich auf einen Querweg und folgen ihm nach rechts bergauf. Wir bleiben auf diesem Hauptweg, bis wir ihn in einer Links-

setzt sich geradeaus auf einem Bergrücken fort, dessen südexponierte Hänge mit Rebland bedeckt sind. Bald kommt eine Gabelung, an der wir zunächst rechts weitergehen; im Anschluss an unseren Abstecher werden wir dem linken Weg (roter Balken) folgen. Wir erreichen schließlich die gepflasterte Auffahrt zur Burg und folgen ihr nach links bergauf. Die **Starkenburg** (5.30 Std.) entstand 1165 in strategischer Lage als Schutzburg des nahen Klosters Lorsch.

Wir kehren zur Gabelung des Hinwegs zurück und biegen nun mit dem roten Balken scharf nach rechts. Anfänglich geht es den Weinberg recht steil hinab, dann gemächlich auf einem Hangweg weiter. Über Rebland hinweg bietet sich eine schöne Sicht auf die Altstadt von Heppenheim. Das dicht gedrängte Fachwerkgeviert wird von der neugotischen katholischen Pfarrkirche beherrscht, dem sogenannten Dom der Bergstraße.

Bei den ersten Häusern gelangen wir auf eine gepflasterte Straße, die wir nach links zur Siegfriedstraße/Lehrstraße hinablaufen. Geradeaus kommt man in die Fußgängerzone und durch das Wormser Tor in die Altstadt von **Heppenheim** zurück. Gastwirtschaften rund um den Marktplatz laden zur stimmungsvollen Einkehr. Bei einem Bummel durch die heimeligen Gassen wird die reiche Stadtgeschichte lebendig. Besonders lohnend ist ein Besuch des ehemaligen Kurmainzer Amtshofs, dem einstigen Verwaltungssitz der Erzbischöfe von Mainz. Im Gebäude ist heute das Museum für Stadtgeschichte und Volkskunde untergebracht. Durch die Fußgängerzone kehren wir zum **Bahnhof** zurück (6.30 Std.).

biegung am Waldrand (bei einem Grenzstein ›CK‹) verlassen und geradeaus auf einem Nebenweg weitergehen. Das weiße X geleitet uns nun über weitere Verzweigungen zur **Schutzhütte Jägerrast** (4.15 Std.) hinauf.

Hier an der großen Wegkreuzung biegen wir nach links und schließen uns dem roten Balken an. Im schattigen Forst wandern wir ganz allmählich bergab. An der **Schutzhütte Helenenruhe** (5 Std.) öffnet sich der Wald; über Rebland schweift der Blick zur Starkenburg. Unser Weg

Wallfahrt auf den Kreuzberg

Von Weinheim in den Vorderen Odenwald

Die Wanderung führt in das anmutige, offene Hügelland des Vorderen Odenwaldes mit seinen bewaldeten Bergkuppen. Durch Obstgärten und Rebland an der sonnigen Bergstraße kehren wir nach Weinheim zurück.

DIE WANDERUNG IN KÜRZE

++
Anspruch

7 Std.
Gehzeit

23 km
Länge

Charakter: Lange, aber nicht sehr schwere Wanderung auf Feld- und Waldwegen

Wanderkarte: Topographische Naturparkkarte 1 : 50 000 Bergstraße-Odenwald Nordwest

Einkehrmöglichkeiten: Burgruine Windeck, Birkenau, Hemsbach, Weinheim

Anfahrt: Mit dem Kfz: Autofahrer kommen über die A5, A659 oder B3. **Mit der Bahn:** Weinheim liegt an der Bahnstrecke Frankfurt-Heidelberg.

Öffnungszeiten: Burgruine Windeck ab 10 Uhr; **Hei-** matmuseum der Stadt **Weinheim** im ehemaligen Deutschordenshaus, Hauptstraße/Ecke Amtsgasse, Di bis Sa 14–17 Uhr, So 10–17 Uhr, Mo geschlossen

Variante: Bei Anfahrt mit der Bahn kann die Wanderung um 1.30 Stunden verkürzt werden, indem man Birkenau als Ausgangspunkt wählt. Birkenau ist die erste Station an der Stichstrecke Weinheim-Fürth. Vom Bahnhof geht man entlang der Gleise das kurze Stück zum alten Rathaus zurück und schließt sich der Wanderroute nach rechts an.

Am **Bahnhof** von **Weinheim** wenden wir uns nach rechts und folgen der Bahnhofstraße in den Ort hinein. Am Ende der Bahnhofstraße (hinter der Kreuzung mit der Hauptstraße) schließen wir uns dem weißen Quadrat an. Das Zeichen geleitet uns rechts am **Dürreplatz** (Bushaltestel-

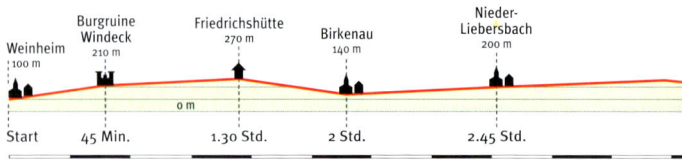

Weinheim 100 m	Burgruine Windeck 210 m	Friedrichshütte 270 m	Birkenau 140 m	Nieder-Liebersbach 200 m
Start	45 Min.	1.30 Std.	2 Std.	2.45 Std.

Höfe in Ober-Liebersbach

le) vorbei und einen Treppenweg hinab. Wir überqueren die Grundelbachstraße, laufen ›Am Schlossberg‹ hinauf und gehen rechts den Neuen Burgweg empor. An einer Weggabelung (links an der Böschung befindet sich ein Sandsteinportal von 1907 – ›Türe nach dem

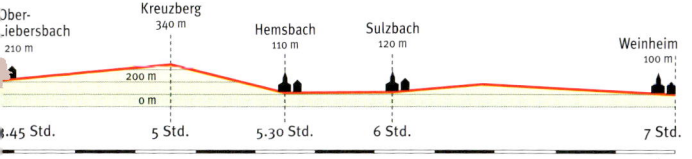

Ober-Liebersbach 210 m	Kreuzberg 340 m	Hemsbach 110 m	Sulzbach 120 m	Weinheim 100 m

200 m

0 m

4.45 Std.   5 Std.   5.30 Std.   6 Std.   7 Std.

23 km

Felsengang‹) machen wir einen Abstecher nach links zur **Burgruine Windeck** (45 Min.).

Die Burg entstand um 1130 als befestigte Kellerei des Klosters Lorsch. In strategisch günstiger Lage auf einer Anhöhe am Rande der Bergstraße gelegen, ließ sich die bedeutende Handels- und Heerstraße vom hohen Bergfried aus gut beobachten. Nach ihrer Zerstörung 1674 diente die Ruine lange Zeit den Weinheimer Bürgern als Steinbruch. Unter den vierstöckigen ehemaligen Hauptgebäude im Südosten der Burgruine verbirgt sich das mächtige Kellergewölbe. Eine architektonische Rarität stellt die Wendeltreppe dar, die in die Außenmauer des Bergfrieds eingelassen ist.

Wir kehren auf das markierte Sträßchen zurück, kommen an einer **Schutzhütte** vorbei und steigen danach auf einem Waldpfad kräftig an. Schließlich wandern wir längere Zeit gemächlich auf einem Forstweg dahin. Etwa 50 m vor Erreichen der **Friedrichshütte** (1.30 Std.) verlassen wir den markierten Weg, biegen nach links und halten uns sogleich an der Gabelung rechts. Wir wandern nun stetig auf dem Forstweg bergab; bald tritt das Zeichen weißes X hinzu, das nun der Orientierung dient.

Der markierte Weg führt führt uns zum Ortsrand von **Birkenau** hinab. Das Zeichen weist bei den ersten Häusern nach rechts, wir jedoch folgen der Leuschner Straße nach links bis zur Querstraße und gehen hier rechts hinab. An einer großen Linde (Naturdenkmal) wenden wir uns links in die Obergasse und schließen uns wieder dem weißen X an. Hinter den Bahngleisen kommen wir am ehemaligen **Rathaus** von Birkenau vorbei (2 Std.), einem schönen Fachwerkbau aus dem Jahre 1552. Der Pranger mit Halseisen erinnert an die Praxis des mittelalterlichen Strafvollzugs.

Wir gelangen durch die Altstadt, überqueren die gemächlich dahinströmende Weschnitz und stoßen auf die stark befahrene B38. Gegenüber erhebt sich das **Barockschloss** der Freiherren Wambold von Umstadt. Der repräsentative Bau wird noch von der Familie bewohnt und ist der Öffentlichkeit nicht zugänglich. Zur rechten Seite der Bundesstraße erstreckt sich der kleine **Schlosspark** am Flussufer, einst von dem namhaften Gartenbaumeister Friedrich Ludwig von Sckell angelegt. Wir folgen der B38 nach rechts am Schloss vorbei, biegen dahinter links ab und steigen sogleich rechts einen Treppenweg empor.

Einem Fahrweg folgen wir mit dem Zeichen nach links. Bei einem Parkplatz gelangen wir auf die freie Anhöhe, wo uns ein weiter Rundblick über offenes Hügelland erwartet. Im Osten liegt das weite Tal der Weschnitz; in der Ferne erhebt sich dicht bewaldetes Bergland. Unser Höhenweg verläuft geradeaus zwischen Wiesen und Feldern nach Norden, überquert die Bundesstraße und verläuft noch ein Stückchen parallel zur ihr. Am Rande von **Nieder-Liebersbach** (2.45 Std.) stoßen wir auf eine Fahrstraße, laufen etwa 50 m nach rechts hinauf und biegen vor der Brücke links auf den Feldweg.

Wir wandern auf der Höhe weiter. Oberhalb einer Waldung schwenken wir auf dem Hauptweg nach links und gehen zu einem Querweg hinab, dem wir nach rechts folgen. Nussbäume am Wegesrand lassen uns im September mit prall gefüllten Taschen weiterziehen. An der **Leon-**

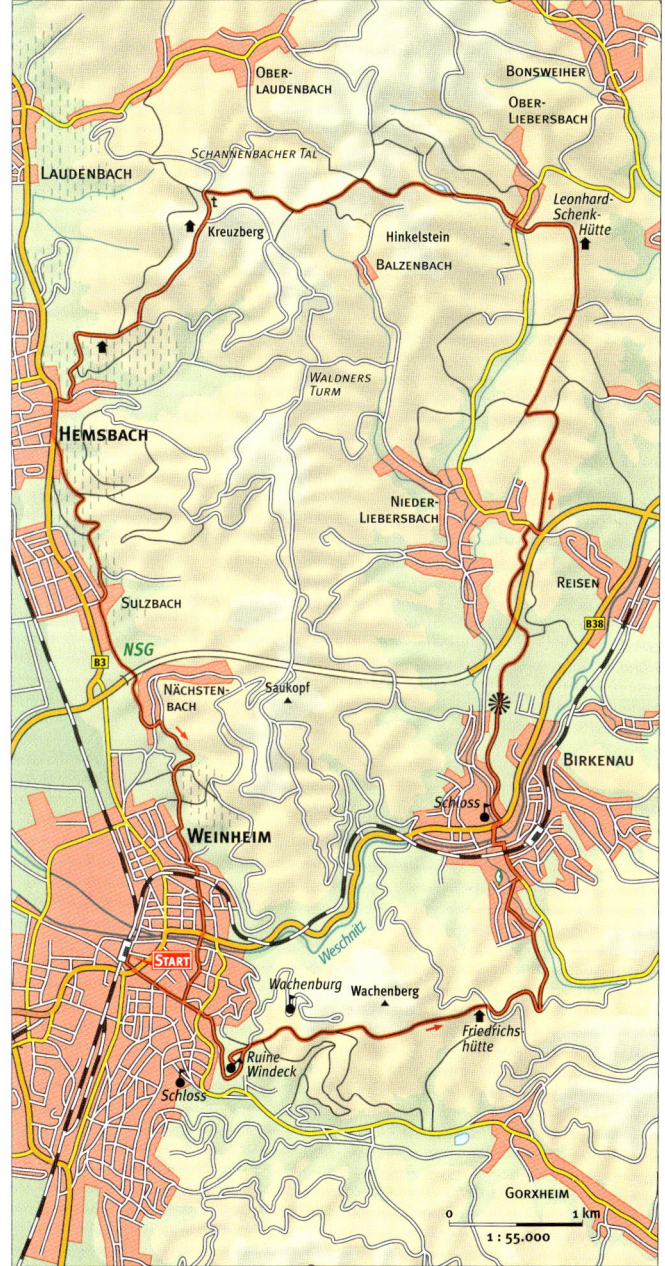

Tour 6

Schloss Birkenau

hard-Schenk-Hütte bietet sich eine Rastmöglichkeit im Schatten der Bäume. Kurz nach der Hütte verlassen wir den Höhenweg, sagen unserem Zeichen adieu und wandern links das Asphaltsträßchen nach Ober-Liebersbach (3.45 Std.) hinab. Der Fahrstraße im Tal folgen wir etwa 50 m nach rechts, ehe wir links (vor einem Holzkreuz) das Seitensträßchen hinaufgehen. An der Gabelung vor einem Teich halten wir uns links. Wir folgen dem Hauptweg durch den Forst und am Waldrand empor. An einer Gabelung (vor uns zieht eine Stromleitung durch die offene Flur) halten wir uns rechts und gehen weiter am Waldrand entlang. Bei einem Strommast erreichen wir eine Wegkreuzung auf der offenen Anhöhe. Hier biegen wir nach links und schließen uns dem weißen Dreieck an. Im Wald wenden wir uns an einer Gabelung nach rechts. Verstreut auf dem Waldboden liegen mächtige Granitbrocken; am linken

Berghang öffnet sich ein kleiner aufgelassener Steinbruch. Der markierte Waldweg führt am Hang entlang und allmählich bergab. Wir stoßen schließlich auf einen Querweg, trennen uns vom weißen Dreieck und gehen links weiter (gelbe Ziffer 3).

Bald passieren wir die Kreuzwegstationen auf dem Kreuzberg (5 Std.). Auf der Anhöhe im Wald, wo sich schon in vorchristlicher Zeit eine Kultstätte befand, wurde um 1350 eine Wallfahrtskapelle errichtet. Im Rahmen der Säkularisation ließ die badische Regierung das Bergkirchlein mit der Eremitage 1808 abbrechen. In der zweiten Hälfte des 19. Jh. lebten die traditionellen Pfingstwallfahrten wieder auf, und es wurden die heutigen Stationsbilder aus gusseisernen Tafeln aufgestellt. In 14 Stationen, die von den Wallfahrern betend abgeschritten wurden, stellt der Kreuzweg bildlich den Leidensweg Christi dar. Ein schöner Bildstock aus Sandstein stammt aus dem Jahr 1818.

Wir wandern geradeaus auf dem Forstweg weiter, lassen vorläufig alle Markierungen unbeachtet und wandern allmählich bergab. An der Wegkreuzung hinter einer rot-weißen Eisenschranke gehen wir geradeaus den geteerten Weg hinab. Kurz nach einer **Schutzhütte** führt uns ein Hohlweg zwischen Weinbergen bergab. An der Böschung treten mächtige Granitbrocken (so genannte Wollsäcke) zutage. Einen Querweg gehen wir nach links. Bei den ersten Häusern stoßen wir auf eine Fahrstraße, der wir rechts nach **Hemsbach** (5.30 Std.) hinabfolgen.

Unten im Ort stoßen wir an einem Kreuz auf die viel befahrene **Bergstraße** (B3) und gehen links weiter. Das blaue B übernimmt die Führung. Rechts hinter der Bushaltestelle Alleestraße ist ein hoher alter Tabakspeicher beachtenswert. Kurz vor dem Ortsende verlassen wir die Bergstraße und gehen links den Berlingweg hinauf. Das Wegzeichen führt uns durch Weinberge und kleine Gehölze am Hang entlang. Über eine Kreuzung mit einem Hohlweg geht es geradeaus hinweg.

Wir gelangen auf eine Straße, die wir rechts nach **Sulzbach** hinablaufen (5.15 Std.). Nach einer kleinen Kapelle weist uns das Zeichen links in eine Seitenstraße, und wir steigen auf einem alten Pflasterweg an. Bald verlassen wir den Weg und folgen rechts dem markierten Pfad durch ein waldiges Tälchen.

Bei den ersten Häusern von **Nächstenbach** stoßen wir auf eine Querstraße. Hier trennen wir uns von dem Zeichen, folgen der Straße kurz nach links bergauf und steigen sogleich rechts einen Treppenweg empor. Oben gelangen wir auf den Blütenweg und wandern rechts weiter. Das gelbe B wird uns nach Wein-

heim zurückbringen. Zwischen Obstgärten, Weinbergen und Gehölzen verläuft unser Weg am Hang, ehe wir eine waldige Hangpartie mit munter plätscherndem Brunnen umrunden. Bald darauf verlassen wir das Sträßchen in einer Rechtsbiegung und zweigen scharf links ab. Der markierte Weg verläuft am Hang entlang. Nach kurzer Zeit kreuzen wir einen Treppenweg und wandern geradeaus weiter.

In einem Rechts-Links-Schlenker gelangen wir zum Ortsrand von **Weinheim** hinab, wo wir auf dem Hubbergweg weitergehen. Der Kriemhildstraße, dann der Siegfriedstraße folgen wir jeweils nach links. Am Straßenkreisel wenden wir uns rechts in die Gunterstraße, überqueren die Bahnlinie und gehen geradeaus die Hirschkopfstraße, anschließend die Untergasse weiter. Nach Überqueren von Bundesstraße und Weschnitz kehren wir geradeaus durch Weinheim zum **Dürreplatz** zurück. Falls wir unseren Ausflug für heute beenden wollen, biegen wir rechts in die **Bahnhofstraße** (6.30 Std.).

Das wäre freilich schade, denn Weinheim bietet sich für einen beschaulichen Ausklang der Wanderung an. Geradeaus führt die Hauptstraße zum historischen Marktplatz, wo sich Bodenständigkeit mit beinahe mediterranem Flair verbindet. In der warmen Jahreszeit stehen Tische und Bänke unter Schatten spendenden Robinien. Bis spät in die Nacht sitzt man im Freien und lässt sich bei einem Glas Wein gerne davon überzeugen, dass die Stadt ihren Namen durchaus zu Recht trägt – auch wenn die Historiker beteuern, der Frankenführer Wino sei einst Namenspatron gewesen.

Tour 7

Im Hain der Mammutbäume

Von Weinheim durch den Exotenwald

Hinter Weinheim beginnt ein Waldgebiet seltener fremdländischer Gehölze, an das sich hohe Buchenwälder anschließen. Durch den Schlosspark kehren wir nach Weinheim zurück, wo uns lauschige Gastwirtschaften am historischen Marktplatz erwarten.

DIE WANDERUNG IN KÜRZE

+ Anspruch	**Charakter:** Bequeme Waldwege, zumeist schattig und auch bei Hitze gut zu gehen	**der Bahn:** Weinheim liegt an der Bahnstrecke Frankfurt–Heidelberg.
3.15 Std. Gehzeit	**Wanderkarte:** Topographische Naturparkkarte 1 : 50 000 Odenwald Südwest	**Öffnungszeiten: Schlosspark:** 7–22 Uhr. Der **Exotenwald** ist jederzeit frei zugänglich; **Schau- und Sichtungsgarten Hermannshof**, Babostraße 5, April bis Aug. 10–19 Uhr, Sept. bis März 10–18 Uhr, Mo geschlossen; Führungen nach Vereinbarung, Tel. 0 62 01 / 1 36 52.
11 km Länge	**Einkehrmöglichkeiten:** Weinheim	
	Anfahrt: Mit dem Kfz: Autofahrer kommen über die A5, A659 oder B3. **Mit**	

Am **Bahnhof** von **Weinheim** wenden wir uns nach rechts und folgen der Bahnhofstraße in den Ort hinein. Am Ende der Bahnhofstraße biegen wir rechts in die Hauptstraße und gelangen durch die Fußgängerzone zum historischen Marktplatz. Zwischen Löwenapotheke und Altem Rathaus gehen wir geradeaus weiter. Schmale Gassen zweigen links in das **Gerberbachviertel** ab. Mit seinen

Fachwerkhäusern aus dem 15. bis 18. Jh. gilt es als eines der besterhaltenen historischen Gewerbeviertel an der Bergstraße.

Wir passieren einen Platz und laufen geradeaus die Mittelgasse weiter, bis wir vor Haus Nr. 140 rechts einen Sandstein-Torbogen durchschreiten und den Katzenlauf hinaufgehen. Von nun an dient der rote Balken der Orientierung. Entlang

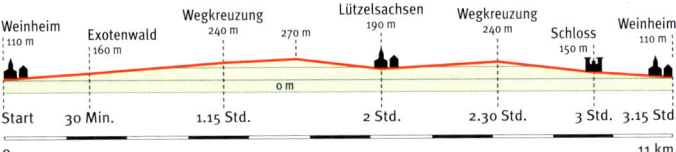

Weinheim 110 m / Start — Exotenwald 160 m — 30 Min. / Wegkreuzung 240 m — 270 m — 1.15 Std. / Lützelsachsen 190 m — 2 Std. / Wegkreuzung 240 m — 2.30 Std. / Schloss 150 m — 3 Std. / Weinheim 110 m — 3.15 Std. · 0 m · 0 — 11 km

eines terrassenförmig angelegten Heilpflanzengartens steigen wir an und gelangen bei einem alten Turm der Stadtmauer in den Schlosspark. Vor dem Teich wenden wir uns nach links, gehen an Volieren vorbei und verlassen den Park.

An der Wegverzweigung am Rande des **Exotenwaldes** (30 Min.) gehen wir auf dem mittleren Weg weiter und lassen uns vom roten Balken durch das herrliche Waldgebiet mit seinem fremdländischen Baumbestand führen. Wir schneiden einen asphaltierten Querweg und gehen weiter bergan. Bald erheben sich am Wegesrand die ersten Mammutbäume. Mit ihrer enormen Wuchshöhe und der rötlichen Borke sind sie eine fast unwirkliche Erscheinung. Nach weiterem gemächlichen Anstieg passieren wir die **Wendt-Hütte.** Dahinter streift unser Weg nochmals den Hain der Mammutbäume, ehe wir mit unserem Zeichen scharf nach links abbiegen.

Auch an der folgenden Gabelung halten wir uns links. Unsere Wanderroute schlängelt sich stetig im Exotenwald empor und verläuft dann kurz am Waldrand entlang. An der **Wegkreuzung** (1.15 Std.) neben einer Sitzgruppe mit Steintisch und einem alten Sandstein-Wegweiser trennen wir uns von dem roten Balken und biegen nach rechts. Wir kommen sogleich an einer Schutzhütte vorbei und folgen weiter dem Waldweg.

Bald erreichen wir eine Gabelung, an der wir links ansteigend weitergehen (rechts führt das blaue B hinab). Bei einer Schutzhütte lichtet sich der Wald vorübergehend. Der Blick schweift über einen Weinberg nach Lützelsachsen hinab und über die weite Rheinebene bis zum Pfälzer Wald.

Wir wandern stets geradeaus auf dem Hauptweg weiter und folgen ihm an allen Linksabzweigungen vorbei um eine 180-Grad-Biegung durch ein Tal. Es geht geradewegs im Tal hinab, bis wir auf eine Asphaltstraße stoßen und ihr nach rechts (›Am Talberg‹) entlang des Ortsrandes von **Lützelsachsen** (2 Std.) folgen. Die Querstraße ›Am Bischof‹ gehen wir nach rechts hinauf. Das Zeichen blaues B dient nun der Orientierung. Hinter dem letzten Haus biegt der markierte Weg nach links. Dann steigen wir zu Weinbergen empor, ehe uns erneut Wald aufnimmt. An einer Gabelung im Forst gehen wir nach rechts hinauf.

Wir gelangen wieder auf unseren Hinweg und wandern an der Schutzhütte vorbei zur **Wegkreuzung** (2.30 Std.) zurück. Hier biegen wir nach links und folgen dem blauen B am Waldrand entlang. Für den

Rückweg durch den Exotenwald orientieren wir uns weiterhin an dem Zeichen.

Am Stadtrand von **Weinheim** passieren wir ein Wohnstift und erreichen den oberen Rand des **Schlossparks.** Hier trennen wir uns vom blauen B und gelangen am Mausoleum in den Park, dessen architektonischer Mittelpunkt das ehemalige **Schloss** (3 Std.) bildet. An der südwestlichen Seitenwand des barocken Flügels gedeiht eine große Wildzitrone, die im Herbst mit zahlreichen samtigen Früchten übersät ist. Vor dem benachbarten Renaissancebau jenseits der Obertorstraße ist noch ein Baumveteran zu bewundern: Die prachtvolle, um 1720 gepflanzte **Libanonzeder** gilt mit 25 m Wuchshöhe als größtes Exemplar ihrer Art nördlich der Alpen.

Vom Schloss gehen wir zum historischen **Marktplatz** von Weinheim hinab, wo Gastwirtschaften und Cafés zur Einkehr laden. Durch die Fußgängerzone und Bahnhofstraße kommt man zum **Bahnhof** (3.15 Std.) zurück. Für die Liebhaber von Staudenpflanzen gibt es freilich noch ein letztes ›Muss‹: den Schaugarten Hermannshof. Hierzu wendet man sich oberhalb des Marktplatzes nach links und geht am Roten Turm vorbei zum Eingang Grabenstraße.

Aus der Neuen Welt

Nirgendwo wirkt die Bergstraße südländischer als in Weinheim. In klimatisch begünstigter Lage am sonnenverwöhnten Westsaum des Odenwaldes gelegen, breitet sich die Stadt auf einer Anhöhe am Rande des Weschnitztals aus. Seit 1803 gehört Weinheim zu Baden; die Gemarkungsgrenze bildet heute zugleich die Landesgrenze zwischen Hessen und Baden-Württemberg. Prächtige Fachwerkhäuser säumen den historischen Marktplatz, darunter das Alte Rathaus von 1557.

Oberhalb der Altstadt erhebt sich das ehemalige Kurpfälzische Schloss (heute Rathaus). Anfang des 19. Jh. kam es in den Besitz der Freiherren und späteren Grafen von Berckheim. Auf dem Hügel hinter dem barocken Flügel ließ die Familie den heutigen Schlosspark im englischen Stil anlegen. Als Christian Freiherr von Berckheim Mitte des vorigen Jahrhunderts von einer abenteuerlichen Kalifornienreise zurückkehrte, brachte er nicht etwa Goldfunde aus der Neuen Welt mit. In seinem Gepäck befanden sich vielmehr Samen und Ableger amerikanischer Gehölze, die der passionierte Pflanzenliebhaber im Schlosspark anpflanzen ließ. Bald reichte der Park nicht mehr aus, und so wurde 1872 mit der Anlage des angrenzenden Exotenwalds begonnen. Der finanzielle Aufwand für die Neupflanzungen war erheblich: 1873 kostete ein Mammutbaum-Setzling die stattliche Summe von 43 Goldmark.

1955 erwarb die Landesforstverwaltung Baden-Württemberg das Waldgebiet und setzte den Anbau exotischer Gehölze fort. Nach über 100 Jahren sorgsamer Bestandspflege sucht der rund 60 ha große Exotenwald heute in Deutschland seinesgleichen. Sein besonderes Gepräge erhält er dadurch, dass er nicht parkartig angelegt wirkt, sondern ein geschlossenes Waldgebiet aus heimischen und ausländischen Baumarten bildet. Zahlreiche exotische Gehölze sind mittlerweile zu stattlicher Größe herangewachsen, darunter amerikanische Riesenle-

Tour 7

Mammutbäume im Exotenwald

bensbäume und chinesische Urweltmammutbäume. Eine außergewöhnliche Sehenswürdigkeit bildet der Hain der Riesenmammutbäume. Fernab der kalifornischen Heimat stehen hier rund 150 dieser urweltlichen Baumriesen beisammen. Einzelne Exemplare erreichen über 50 m Höhe. Markierte Rundwege führen durch den Exotenwald, Lehrtafeln informieren über die wichtigsten Baumarten.

In den 1980er-Jahren wurde Weinheim durch eine weitere sehenswerte Gartenanlage bereichert. Auf einem rund 200 Jahre alten Anwesen wurde der Schau- und Sichtungsgarten Hermannshof angelegt, eine wissenschaftliche Einrichtung zur Förderung der Gartenkultur. Zu den seltenen Gewächsen, die hier im Freien gedeihen, gehören die Yulan-Magnolie, die immergrüne Eiche und die Duftblüte. Das repräsentative, um 1820 errichtete Wohnhaus in der Mitte des Anwesens dient heute als Konferenzgebäude.

8 **Tour**

Ausflug in die Unterwelt

Von Schriesheim über die Strahlenburg zur Grube Anna Elisabeth
Malerisch erhebt sich die Strahlenburg über Schriesheim, weit schweift der Blick von hier in die Rheinebene. Über sonnige Weinberge wandern wir zu riesigen Porphyrsteinbrüchen. Schattige Waldwege führen nach Schriesheim zurück.

DIE WANDERUNG IN KÜRZE

+ Anspruch	**Charakter:** einfache Tour, anfänglich über sonnigen Weinbergsweg, später dann auf schattigen Forstwegen
3.45 Std. Gehzeit	**Wanderkarte:** Topographische Naturparkkarte 1 : 50 000 Odenwald Südwest
12 km Länge	**Einkehrmöglichkeiten:** Strahlenburg
	Anfahrt: Mit dem Kfz: Autofahrer kommen über die A5 oder B3. **Mit der**

Bahn: Von Weinheim oder Heidelberg mit der OEG-Schmalspurbahn (Straßenbahn) bis Schriesheim Bahnhof.

Öffnungszeiten: Strahlenburg (Turmbesteigung sowie Café/Restaurant) Tel. 0 62 03 / 6 12 32; **Besucherbergwerk Grube Anna Elisabeth** von April bis Okt. So und an Feiertagen 10–17 Uhr. Gruppen auch nach Vereinbarung; Tel. 0 62 03 / 6 81 67

Am **OEG-Bahnhof** von **Schriesheim** folgen wir dem gelben X und lassen uns zunächst durch die Bahnhofstraße führen, ehe wir nach links zum historischen **Marktplatz** mit dem alten Fachwerk-Rathaus gelangen. Am Pranger baumelt noch das Halseisen der Verurteilten, die hier einst zur Schau gestellt wurden. Wir

biegen nach rechts in die ›Oberstadt‹ und halten uns am Ende der Straße links. Hinter dem Schulhaus steigen wir rechts einen Treppenweg empor und sodann an der Gabelung links einige Stufen hinab. Wir gelangen auf eine Straße und folgen ihr bergan, bis gegenüber Haus Nr. 23 scharf rechts ein nicht markierter

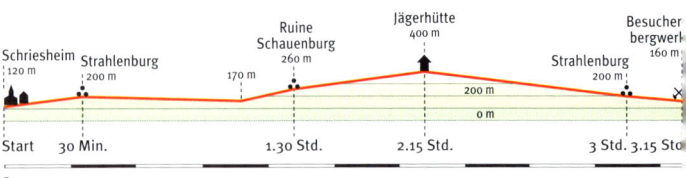

Schriesheim 120 m · Strahlenburg 200 m · 170 m · Ruine Schauenburg 260 m · Jägerhütte 400 m · 200 m · 0 m · Strahlenburg 200 m · Besucherbergwerk 160 m

Start · 30 Min. · 1.30 Std. · 2.15 Std. · 3 Std. 3.15 Sto

0

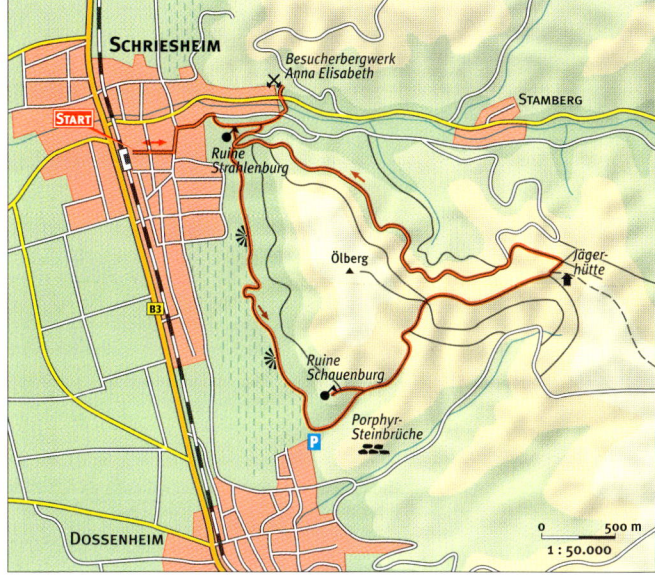

Fußpfad (Begehen auf eigene Gefahr) steil zur **Strahlenburg** (30 Min.) ansteigt. Im 13. Jh. von einem Conrad von Strahlenberg erbaut, erhebt sich die Burgruine über den sonnendurchfluteten Weinbergen oberhalb Schriesheim. Wie bei allen Burgen an der Bergstraße war die Lage strategisch gewählt, nämlich auf der gut zu verteidigenden Anhöhe mit weitem Blick in die Rheinebene.

Von der Burg laufen wir nach Süden auf dem sonnigen Hangweg weiter, der mit dem gelben B markiert ist. Über Weinberge hinweg schweift der Blick in die weite Rhein-

ebene bis zum Pfälzer Wald. An einer Stelle ist vermehrte Aufmerksamkeit geboten, wo das Zeichen zunächst rechts einen Hohlweg hinabweist, ehe wir kurz darauf nach links biegen. Zwischen Rebland, Obstgärten und Dickichten geht es in Richtung Dossenheim. Am oberen Ortsrand neben dem Parkplatz trennen wir uns vom gelben B und folgen links dem asphaltierten Weg in den Wald hinauf.

Nach etwa 15 Minuten nehmen wir den ersten Weg nach links, um einen kurzen Abstecher zur nahen Ruine **Schauenburg** (1.30 Std.) zu machen. Die spärlichen Maurreste lassen kaum erahnen, dass sich hier früher eine mächtige Feste erhob. Um 1100 erbaut, diente die Schauenburg ursprünglich zur Kontrolle der Besitzungen des Klosters Lorsch an der südlichen Bergstraße. Im Jahr 1460 kam es im Machtkampf zwischen Mainz und der aufstrebenden

Kurpfalz zur Belagerung und anschließenden Schleifung der Anlage. Der Zerstörung nicht genug, wurde um die Jahrhundertwende ein Teil des Burgbergs mit der Vorburg für den Porphyrabbau abgesprengt. Die riesigen Porphyrsteinbrüche oberhalb Dossenheims sind von der Ruine eindrucksvoll zu sehen.

Wir kehren zum asphaltierten Weg zurück und gehen ihn rund eine Viertelstunde empor. Nachdem beiderseits Wege abzweigen, folgen wir dem Hauptweg noch um die Rechtsbiegung, ehe wir ihn verlassen und auf einem Pfad am Hang ansteigen. Wir kreuzen einen Querweg und wandern weiter bergan. Auf der Anhöhe gelangen wir auf einen Weg, wenden uns nach rechts und gehen sogleich an der Gabelung links mit dem gelben X weiter. Bald münden wir auf einen Weg ein und wandern nach links weiter. An der nächsten Gabelung halten wir uns rechts.

An der folgenden Gabelung, in deren Mitte **zwei Buchen** und ein **Grenzstein** von 1790 stehen, geleitet das Zeichen nach rechts und dann sogleich einen Waldpfad zur **Jägerhütte** (2.15 Std.) empor. Einsam steht die schlichte Sandsteinhütte von 1818 mitten im Forst. Große Sandsteinplatten bilden das Dach; im Innern befindet sich ein Kamin.

Wir kehren zur letzten Gabelung zurück und biegen nach rechts (rotes Quadrat). Alsbald gehen wir geradeaus über einen Querweg hinweg. Nach 200 m halten wir uns an einer Gabelung links. Wenige Minuten später erreichen wir eine Gabelung, an der das rote Quadrat nach rechts bergab weist, wir jedoch gehen ohne Markierung links weiter.

Wir bleiben nun stets geradeaus auf diesem Hauptweg, der sich mit leichtem Auf und Ab an den Hängen des Ölbergs entlangschlängelt und schließlich zur **Strahlenburg** (3 Std.) zurückführt. Auf der Burgterrasse lässt es sich herrlich unter Schatten spendenden Kastanien sitzen; weit geht der Blick in die Rheinebene.

Um zum Besucherbergwerk zu gelangen, gehen wir von der Burg über den Parkplatz und folgen der Markierung gelbes/blaues B. Die Zeichen geleiten uns links einen Fußweg hinab und dann abermals links eine Asphaltstraße hinunter, ehe sie uns scharf rechts in den Rappenbuckelweg weisen. Es geht geradeaus über eine Straßenkreuzung hinweg weiter bergab und durch das Tal zum Eingang des **Besucherbergwerks Grube ›Anna Elisabeth‹** (3.15 Std.).

Das ehemalige Silber- und Vitriolbergwerk ist seit 1988 der Öffentlichkeit zugänglich und wird weiter restauriert. Unter fachkundiger Leitung erhalten Besucher in einer halbstündigen Führung einen Einblick in die Arbeit der Bergleute. Der Silberbergbau bei Schriesheim wurde von 1473 bis 1545 betrieben. Ende des 17. Jh. begann man mit dem Abbau von Eisen- und Kupfervitriol, der 1817 eingestellt wurde.

Um auf dem Rückweg die stark befahrene Talstraße zu meiden, empfiehlt es sich, zur Kreuzung auf der gegenüberliegenden Talseite zurückzukehren und dem Huberweg nach rechts zu folgen. Am Ende der Straße hält man sich links und gelangt wieder in die Altstadt von **Schriesheim**. Durch die Bahnhofstraße kommt man zum **Ausgangspunkt** zurück (3.45 Std.).

Heidenloch und Zollstock

Von Handschuhsheim zum Weißen Stein

Diese Waldwanderung streift verschiedene Kulturepochen von der Keltenzeit bis in die jüngste Geschichte. Zahlreiche Esskastanien lassen uns im Herbst mit prall gefüllten Taschen von dieser Wanderung nach Hause kehren.

	DIE WANDERUNG IN KÜRZE	
++ Anspruch	**Charakter:** Überwiegend bequem zu begehende Forstwege, zumeist schattig, aufgrund der Länge aber schon etwas anstrengend	Café/Restaurant am Weißen Stein
5.30 Std. Gehzeit	**Wanderkarte:** Topographische Naturparkkarte 1 : 50 000 Odenwald Südwest	**Anfahrt: Mit dem Kfz:** Autofahrer kommen über die A5, A656 oder B3. **Mit der Bahn:** Von Weinheim oder Heidelberg mit der OEG-Schmalspurbahn (Straßenbahn) zum OEG-Bahnhof in Handschuhsheim.
15 km Länge	**Einkehrmöglichkeiten:**	

Wir steigen am **OEG-Bahnhof** in **Handschuhsheim** aus, überqueren die Bundesstraße und folgen der Dossenheimer Landstraße zur **Ruine der Tiefburg.** Die ehemalige Wasserburg bietet mit ihrer Sandsteinfassade, hinter der ein laubenumgebener Innenhof verbirgt, ein romantisches Bild. Wir laufen die Straße weiter und biegen dann links in die Mühltalstraße. Bald wenden wir uns rechts in die Amselgasse (zur Neulichsiedlung) und schließen uns dem gelben B an. Nach kurzer Zeit steigen wir auf einem alten, teilweise gepflasterten Fußweg an.

Am Waldrand gelangen wir auf eine Straße, der wir nach rechts folgen. Das gelbe B ist weiterhin unser Begleiter. Vom Hang schweift der Blick über Handschuhsheim und Neuenheim hinweg in die Rhein-Neckar-Ebene. Geradlinig führt der Weg in den Wald; im Oktober können wir die süßmehligen Früchte der Esskastanien aufsammeln. An der Gabelung hinter der **Mönchberghütte** (1 Std.) verlassen wir unser bisheriges Zeichen und gehen links ansteigend weiter. Bis zum Weißen Stein ist der rote Balken unser Lotse.

Von einem kleinen **Belvedere** bietet sich ein herrlicher Blick auf Heidelberg hinab. Unser Weg schwenkt hier scharf nach links und steigt weiter an. Wir stoßen auf eine Straße, der wir bergauf, quer durch einen keltischen Ringwall, zum so genannten **Heidenloch** (1.45 Std.) folgen. Dieser 56 m tiefe und 3–4 m breite Brunnenschacht bildet angesichts seiner gewaltigen Ausmaße eine technische Meisterleistung. Er stammt vermutlich aus der Keltenzeit und wurde später von den Römern ausgebaut. Gegenüber erhebt sich ein Aussichtsturm, der 1885 aus den Trümmern des benachbarten ehemaligen Stephanklosters errichtet wurde. Nur die Grundmauern der um 1094 erbauten Anlage sind erhalten.

An einem Parkplatz und der Waldschenke vorbei geleitet uns das Zeichen geradeaus bergan. Eingebettet in den Hang und vom Weg aus leicht zu übersehen liegt rechter Hand die Waldbühne. Dieses Amphitheater mit 8000 Sitzplätzen entstand im Germanisierungswahn des Dritten Reichs 1934/35 als sogenannte Thingstätte. Es ist ein beklemmendes Gefühl, durch den Eingang in das gespenstisch weite, grasüberwachsene Halbrund zu treten.

Am oberen Rand der Waldbühne weist unser Zeichen schräg rechts auf einen Waldpfad, doch zunächst machen wir einen Abstecher nach links zur Ruine des ehemaligen **Michaelsklosters** (2.15 Std.) auf dem **Heiligenberg.** Die Anlage wurde im 10./11. Jh. von der Reichsabtei Lorsch als Filialkloster errichtet, verfiel jedoch, nachdem die Michaelsbasilika 1503 einstürzte. Bereits in fränkischer Zeit war auf dem Heiligenberg ein Gräberfeld angelegt worden; für das 8. Jh. ist ein Herrenhof bezeugt.

Anschließend folgen wir dem markierten Pfad im Wald hinab. Wir gelangen bald auf einen breiten Weg und wandern geradeaus weiter. Am

Zollstock laden Schutzhütte sowie ein Brunnen zur Rast. An der großen Wegverzweigung kurz hinter der **Holdermannseiche** (2.45 Std.) schwenkt unsere Route schräg nach links und steigt in sanften Kurven allmählich an. An der Wegkreuzung mit altem Sandstein-Wegweiser (›Oberer Jagdhausweg 1907‹) gehen wir rechts ansteigend weiter. An der großen Wegverzweigung Rauhe Buche biegen wir schräg nach links, gehen über die nächste Kreuzung geradeaus hinweg und folgen der Straße zum **Weißen Stein** (3.45 Std.) hinauf.

Am **Aussichtsturm** folgen wir dem ersten, nicht markierten Weg in den Wald hinab. Wir stoßen auf eine Straße, die wir ein kurzes Stück nach rechts laufen, ehe wir gegenüber einem Waldparkplatz links den Weg hinuntergehen, der mit dem roten Quadrat markiert ist. Dieses Zeichen wird uns nach Handschuhsheim zurückbringen. Alsbald biegen wir an einer Wegkreuzung nach links.

Wir wandern über die **Kreuzung Sieben Wege** hinweg und halten uns an der folgenden Gabelung links. Unser Weg steigt zunächst am Rande des Hohen Nistlers leicht an, ehe es wieder bergab geht. An einer Wegverzweigung biegen wir mit dem Zeichen scharf nach rechts. Unser Weg führt die nächste Zeit den Steilabfall des Odenwaldes zur Rheinebene hinunter und beschreibt unterwegs eine Linkskehre. Allmählich

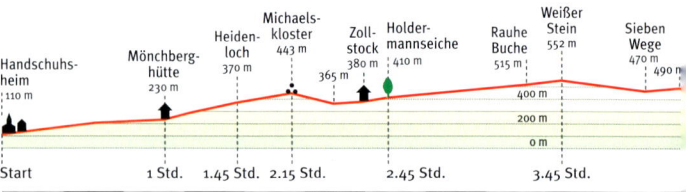

werden die Edelkastanien im Wald wieder häufiger.

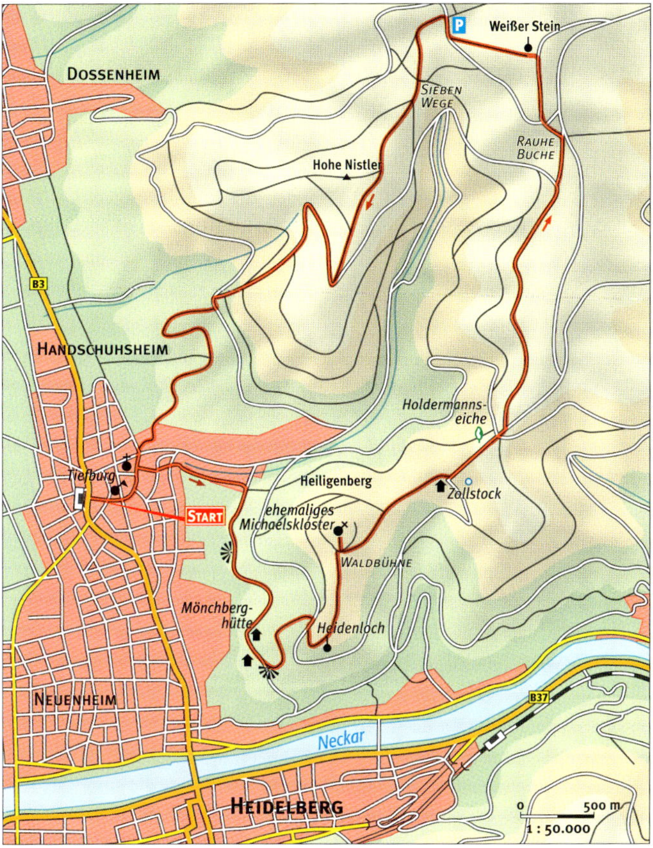

Am **Waldrand** (5 Std.), noch ehe wir hinter einer rot-weißen Eisenschranke den Forst verlassen, weist uns das rote Quadrat rechts auf einen Fußweg, der an Gärten entlangführt. Wir biegen schließlich nach links und folgen dem asphaltierten Weg durch Gärten und Weinberge. An einer Straßengabelung (Parkplatz) ist vermehrte Aufmerksamkeit geboten: Zunächst geht es links etwa 20 m fast ebenerdig weiter, ehe rechts der markierte Pfad zum Ortsrand von **Handschuhsheim** hinabführt. Wir folgen der Gasse, stoßen auf eine Querstraße und gehen rechts weiter. An Friedenskirche und Tiefburg vorbei kehren wir zum **OEG-Bahnhof** zurück (5.30 Std.).

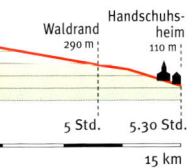

51

Abstieg auf der Himmelsleiter

Von Neuenheim nach Heidelberg

Wir wandern durch die hohen Buchenmischwälder, die das Neckartal säumen. Der gemächlich dahinziehende Philosophenweg bietet den wohl schönsten Blick auf die Stadt der Romantiker. Ganz anders die steile Himmelsleiter, die im schattigen Wald zum Schloss absteigt.

DIE WANDERUNG IN KÜRZE

++

Anspruch

Charakter: Bequeme Wege, überwiegend im Wald; aufgrund der Länge aber etwas anstrengend

4.30 Std.

Gehzeit

Wanderkarte: Topographische Naturparkkarte 1 : 50 000 Odenwald Südwest

14 km

Länge

Einkehrmöglichkeiten: verschiedene Gasthäuser in Ziegelhausen

Anfahrt: Mit dem Kfz:

Autofahrer kommen über die A5 oder A656. **Mit der Bahn:** Vom Hauptbahnhof oder Bismarckplatz in Heidelberg mit der Straßenbahn in Richtung Handschuhsheim bis zur Ladenburger Straße (erste Haltestelle nach Überqueren des Neckars). Rückfahrt vom Bismarckplatz mit der Straßenbahn zum Hauptbahnhof.

An der **Haltestelle Ladenburger Straße** in **Neuenheim** wenden wir uns rechts in die Seitenstraße zum Philosophenweg. Das Zeichen rotes R dient die nächste Zeit der Orientierung. Durch ein altes Villenviertel und am **Physikalischen Institut der Universität** vorbei steigen wir auf dem Philosophenweg bergan. Von Deutschlands schönstem Naturbalkon schweift der Blick über den Neckar hinweg auf Heidelberg. Malerisch erhebt sich die Ruine des Kurpfälzischen Schlosses über der Altstadt. Bald genießen wir die klassische Ansicht von Heidelberg, wie sie auf dem Merianstich (Schautafel) festgehalten ist. An der **Odenwälder Hütte** (45 Min.) nimmt uns Wald auf. Nach der **Moltke-Hütte** (1.15 Std.) wandern wir schräg rechts auf dem markierten Waldpfad bergab. Wir

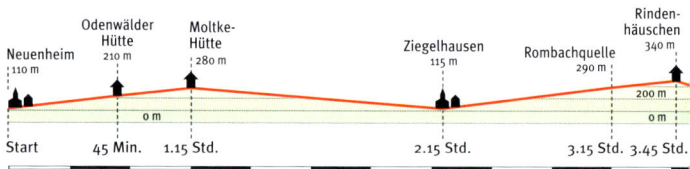

Neuenheim 110 m · Odenwälder Hütte 210 m · Moltke-Hütte 280 m · Ziegelhausen 115 m · Rombachquelle 290 m · Rindenhäuschen 340 m · 200 m · 0 m

Start · 45 Min. · 1.15 Std. · 2.15 Std. · 3.15 Std. · 3.45 Std.

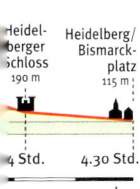

Heidelberger Schloss

Heidel-
berger
Schloss
190 m

Heidelberg/
Bismarck-
platz
115 m

4 Std.   4.30 Std.

14 km

kommen wieder auf dem Hauptweg heraus, folgen ihm zur ersten Rechtskurve hinab und biegen mit dem Zeichen nach links.

Unser Hangweg führt weit ausholend durch das Mausbachtal. Das rote R geleitet uns schließlich über einen Parkplatz hinab und dann am

Waldrand entlang. Jenseits des Neckarlaufs erhebt sich der Kleine Odenwald mit dem Königstuhl, dessen Gipfel von Sendemasten gekrönt ist. Unten im Tal ist die Abtei Neuburg mit der Gärtnerei erkennbar. Anfang des 19. Jh. entwickelte sich das Kloster zum berühmten Treffpunkt der Heidelberger Romantiker. Ein Abstecher zur Abtei lohnt jedoch nicht, da die Klosteranlage 1927 durch Benediktiner wiederbesiedelt wurde und der Öffentlichkeit nicht zugänglich ist.

Wir überqueren eine Fahrstraße und wandern geradeaus (Neuer Weg) durch ein Wohngebiet hinunter. Am Büchsenackerhang gehen wir etwa 50 m nach links bergauf, ehe uns das Zeichen rechts einen Treppenweg hinabweist. Die nächste Querstraße führt uns nach links weiter bergab. Unten im Ort laufen wir

In der Neckarhelle nach links, überqueren eine Straßenverzweigung und gehen geradeaus durch die Altstadt von **Ziegelhausen** (2.15 Std.).

An der Kirche verabschieden wir uns vom roten R, das nach links abbiegt, und laufen geradeaus weiter. Ein blauer Punkt und weißes X dienen vorübergehend der Orientierung. Wir folgen den Zeichen nach rechts über die Neckarbrücke zum **Bahnhof** von **Schlierbach** und gehen jenseits der Gleise rechts die Straße hinauf. Dann weisen die Zeichen links in den Zechner Weg, wir jedoch wandern geradeaus ›Am Schlierbachhang‹ weiter bergan. An der nächsten Straßengabelung halten wir uns schräg links.

Die Straße steigt am Rande des Waldes an und verflacht schließlich. Hier biegen wir schräg links auf den Pfad, der mit dem gelben R im Wald

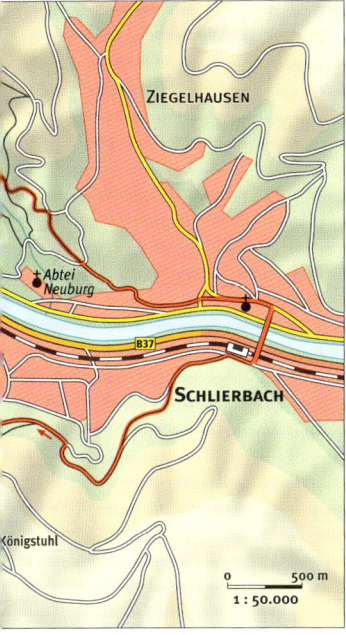

Höhenunterschiede am Hang verläuft. An der Weggabelung hinter der **Rombachquelle** (3.15 Std.) weist uns das Zeichen nach links bergan.

Nach einiger Zeit biegen wir schräg links auf den markierten Pfad, der uns zum **Rindenhäuschen** (3.45 Std.) bringt. An dieser alten Schutzhütte erwartet uns ein wunderschöner Blick auf Schloss und Altstadt von Heidelberg. Wir wandern etwa fünf Minuten auf dem Hangweg weiter, ehe wir uns vom gelben R trennen und rechts einen Treppenweg – Himmelsleiter genannt – im Wald hinabsteigen. Er führt zu einer Straße, die uns zum **Heidelberger Schloss** (4 Std.) hinunterführt. Auf einem gepflasterten Fußweg kommen wir direkt zum Eingang hinab.

Vom Schloss gelangen wir durch die Altstadt von Heidelberg zum **Bismarckplatz** (4.30 Std.), von wo wir mit der Straßenbahn zum **Hauptbahnhof** zurückkehren können.

emporführt. Wir kommen auf einem Waldweg heraus, der ohne große

Am Neckar bei Heidelberg

Tour 11

Zum Haus der wilden Frauen

Über Lützelbach nach Lichtenberg

Verstreute Dörfer, Einzelgehöfte und alte Mühlen in den Wiesentälern, bizarre Felsgruppen auf den bewaldeten Anhöhen prägen die vielgestaltige Landschaft im Vorderen Odenwald. Das stattliche Renaissanceschloss der hessischen Landgrafen in Lichtenberg beherbergt heute ein sehenswertes heimatkundliches Museum.

DIE WANDERUNG IN KÜRZE

++
Anspruch

3.45 Std.
Gehzeit

12 km
Länge

Charakter: Überwiegend Forst- und Feldwege; ein relativ kurzer Abschnitt auf einem schmalen Waldpfad; mehrere Steigungen stellen Anforderungen an die Kondition.

Wanderkarten: Topographische Naturparkkarte 1 : 50 000 Bergstraße-Odenwald Nordwest und Nordost

Einkehrmöglichkeiten: DiverseGaststätten und Cafés in Lützelbach und Lichtenberg, Vesperstube zum Hottenbacher Hof

Anfahrt: Mit dem Kfz: Autofahrer kommen von Reinheim über die B38 nach Groß-Bieberau und folgen ab hier der Ausschilderung nach Rodau/ Lichtenberg-Fischbachtal. Rechts an der Zufahrtsstraße nach Lichtenberg (kurz vor dem Ort) beschilderter Parkplatz Riedbusch.

Öffnungszeiten: Museum Schloss Lichtenberg von Mitte März bis Ende Okt. Mi und Fr 14–17 Uhr, Sa, So und an Feiertagen 10–17 Uhr.

Am **Parkplatz Riedbusch** erwartet uns das Zeichen gelbes Kreuz. Wir laufen am Strommast vorbei und gehen geradeaus den Feldweg hinab. An einer Wegkreuzung in der Flur biegen wir nach links, passieren einen

Tümpel und folgen dem Weg am Waldrand entlang. Wir kommen schließlich in den Wald, wandern an einer Rechtsabzweigung vorbei geradeaus weiter und schließen uns nun der Markierung mit dem roten

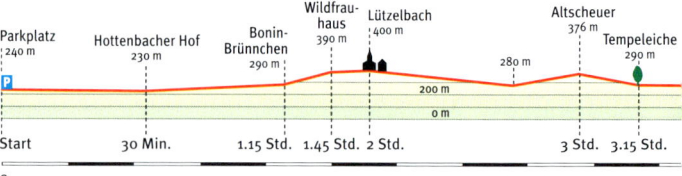

Parkplatz 240 m · Hottenbacher Hof 230 m · Bonin-Brünnchen 290 m · Wildfrauhaus 390 m · Lützelbach 400 m · 280 m · Altscheuer 376 m · Tempeleiche 290 m · 200 m · 0 m

Start · 30 Min. · 1.15 Std. · 1.45 Std. · 2 Std. · 3 Std. · 3.15 Std.

o

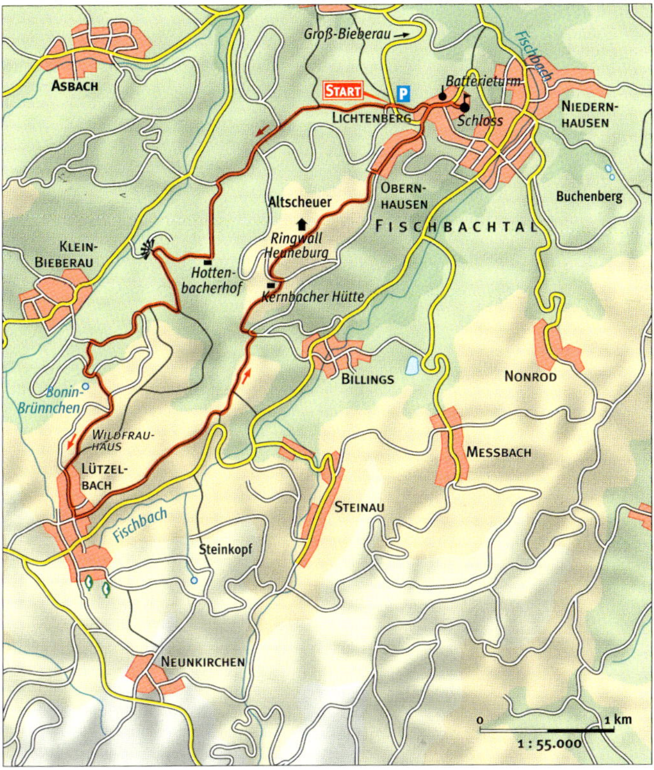

Quadrat an. Dieses Zeichen dient uns bis zum Schluss der Wanderung zur Orientierung. Wir gehen über die nächste Wegkreuzung hinweg, treten bald aus dem Wald heraus und halten uns an der Weggabelung links.

Der markierte Feldweg schwenkt am **Hottenbacher Hof** (30 Min.) nach rechts und führt in der Niederung zwischen zwei großen Pappeln, deren Geäst mit Misteln bewachsen ist, über den Bachlauf. Dahinter halten wir uns an der Gabelung links. Das rote Quadrat geleitet uns in einem Links-Rechts-Schlenker zu einer **Anhöhe** empor, wo sich der Blick auf Klein-Bieberau öffnet. Hier an der Wegkreuzung gehen wir links ansteigend weiter, passieren ein Häuschen und haben nochmals einen Blick auf den Hottenbacher Hof.

Wir verlassen den Hauptweg in einer Linksbiegung im Wald (links steht ein Granitfelsen) und folgen der markierten Route nach rechts. Bald verläuft unser Weg am Waldrand entlang; rechts fällt der Blick

Schloss
Lichtenberg
280 m
Parkplatz
240 m

30 Std.
3.45 Std.

12 km

auf Klein-Bieberau im Tal. Nach kurzer Zeit weist uns das Zeichen links auf einen ansteigenden Waldweg. Wir verlassen ihn nach 75 m und wandern schräg rechts den sehr unscheinbaren, aber markierten Waldpfad empor. Bald sehen wir eine Holzbank, überqueren hier ein Rinnsal und steigen dahinter den Hang zu einem Forstweg empor. Dieser führt uns nach links zum nahen **Bonin-Brünnchen** (1.15 Std.).

Wir folgen dem Forstweg noch 50 m und steigen dann rechts auf dem markierten Pfad steil an. Nach Überqueren eines Forstwegs folgen wir dem markierten Pfad weiter bergauf zu einer prächtigen, als Naturdenkmal ausgewiesenen Felsgruppe. Zunächst kommen wir am **Großherzog-Ernst-Ludwig-Stein** vorbei, einem mächtigen Granitfelsen. Oberhalb davon erhebt sich eine Felsburg von besonderer Schönheit im Wald, das so genannte **Wildfrauhaus** (1.45 Std.).

Hier wenden wir uns mit dem roten Quadrat nach rechts und wandern nach **Lützelbach** (2 Std.) hinein. Im Ort stößt der Klein-Bieberauer Weg auf den Lichtenberger Weg. Nach rechts an der öffentlichen Waage vorbei oder geradeaus durch die Obergasse gelangt man zu verschiedenen Gaststätten und Cafés. Die Wanderung setzt sich jedoch nach links auf dem Lichtenberger Weg fort. Hinter den letzten Häusern wandern wir den asphaltierten Feldweg hinab. An einer Wegkreuzung geht es geradeaus zum nahen Waldrand. Der Stamm einer abgestorbenen Rotbuche, die ein Alter von etwa 250 Jahren erreicht hatte, liegt hier als Naturdenkmal; verschiedene Jahresringe sind mit historischen Bezügen versehen.

Der markierte Weg führt schräg rechts in den Wald hinein und bald bergab. Wir stoßen auf einen Querweg, dem wir nach rechts folgen. Auf der offenen Anhöhe mit schöner Sicht nach Steinau hinab halten wir uns an drei aufeinander folgenden Gabelungen jeweils links. Wir wandern auf einem schönen Panoramaweg weiter und genießen den Blick in ein abgeschiedenes Wiesentälchen.

An der Kreuzung bei einer alten **Sandsteinsäule** (rechts liegt Billings im Tal) biegen wir nach links. An den aufeinander folgenden Gabelungen halten wir uns zunächst links, dann rechts und danach erneut rechts. Kräftig steigen wir nun im Wald an. Das rote Quadrat dient stets der Orientierung. Bei der ehemaligen Waldarbeitersiedlung **Hütte Kernbach** stoßen wir auf einen Querweg, dem wir nach links bis zum zweiten Anwesen folgen. Hier an der Kreuzung

gehen wir rechts den Heuneburgweg hinauf. An der Schutzhütte auf der **Altscheuer** (3 Std.) können wir eine Verschnaufpause einlegen und den keltischen Ringwall erkunden, der die Anhöhe gut erkennbar umschließt. Bis ins frühe Mittelalter diente diese Wehranlage, später Heuneburg genannt, den Menschen in Notzeiten als Zufluchtsstätte.

Das rote Quadrat lotst uns direkt zur so genannten **Tempeleiche** (Naturdenkmal; 3.15 Std.) am Ortsrand von **Obernhausen** hinab. Wir folgen dem Lippmannweg geradeaus durch das Wohngebiet nach Lichtenberg hinein. Am alten Schulhaus vorbei gelangen wir zur Straßengabelung Kirchweg/Landgraf-Georg-Straße bei Linas Geschenktruhe.

Der kleine, friedvolle Ort lädt zum Verweilen ein. Vom trutzigen Batterieturm (auch Bollwerk genannt) mit seinen fast 6 m dicken Mauern, der 1503 erbaut wurde, bietet sich ein weiter Rundblick.

Wir begeben uns zum prächtigen **Renaissanceschloss** (3.30 Std.). Schloss Lichtenberg entstand 1570-81 unter Landgraf Georg I. von Hessen-Darmstadt. Die streng gegliederte Dreiflügelanlage gilt als erster Renaissancebau in Südhessen. Bei Kriegen und Seuchen flüchtete man von der Darmstädter Residenz in das abgeschiedene Lichtenberg. Heute beherbergt das Schloss ein heimatkundliches Museum.

Wir kehren in den Ort zurück und gehen neben dem alten Schulhaus den markierten Fußweg hinab. Er führt uns zum Eselsbrunnen, von wo früher das Trinkwasser mit Eseln zum Dorf transportiert wurde. Im Wald halten wir an der Gabelung links, überqueren die Fahrstraße und erreichen wieder den **Parkplatz Riedbusch** (3.45 Std.).

12

Tour

Auf den Berg des Windgottes

Von Fränkisch-Crumbach zur Neunkircher Höhe

Die reizvolle Landschaft um die Burgruine Rodenstein mit ihren naturnahen Laubwäldern und lieblichen Talmulden, in die sich Einzelhöfe und kleine Ortschaften schmiegen, bildet den stimmungsvollen Rahmen unserer heutigen Tour.

DIE WANDERUNG IN KÜRZE

+++
Anspruch

6 Std.
Gehzeit

20 km
Länge

Charakter: Forstwege, schmale Pfade und ein asphaltierter Feldweg, auch wegen der Länge stellt die Tour Anforderungen an die Kondition.

Wanderkarten: Topographische Naturparkkarte 1 : 50 000 Bergstraße-Odenwald Nordost und Nordwest

Einkehrmöglichkeiten: Laudenau, Hofgut Roden-

stein an der Ruine Rodenstein, Fränkisch-Crumbach

Anfahrt: Mit dem Kfz: Autofahrer kommen über die B38. **Mit dem Bus:** Bus von Darmstadt oder Weinheim bis Fränkisch-Crumbach.

Öffnungszeiten: Kaiserturm Sa, So und an Feiertagen 10–17 Uhr; **Heimatmuseum Rodenstein** in Fränkisch-Crumbach So 14–16 Uhr

Am **historischen Kellerbau** (Heimatmuseum) neben der evangelischen Dorfkirche liegt die zentrale Straßenkreuzung von **Fränkisch-Crumbach.** Wir folgen der Darmstädter Straße am Herrenhaus vorbei aus dem Ort heraus. Der weiße Doppelstrich dient zunächst der Orientierung. Hinter den letzten Häusern steigt das Sträßchen zwischen Feldern und Obstbäumen zu dem vor uns liegen-

den bewaldeten Höhenzug an. Im Nordosten erblicken wir jenseits des Gersprenztals den Otzberg, der sich markant am Nordsaum des Odenwaldes erhebt.

Am **Parkplatz Heilsruhe** beginnt der Wald. Es geht geradeaus zu einer Wegkreuzung (1 Std.) auf dem Bergrücken empor, an der wir nach links biegen. Neben dem Doppelstrich übernimmt nun das rote Drei-

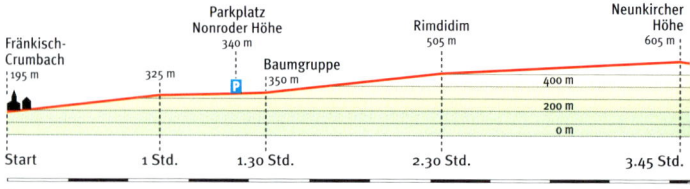

eck die Führung. Unsere Route verläuft geradlinig auf der Nonroder Höhe und folgt dem historischen Weinweg, auch Dieburger Straße genannt, der zum mittelalterlichen Straßennetz des Odenwaldes gehörte. Als ›Hohe Straßen‹ mieden diese alten Verbindungswege die unwegsamen Täler und sumpfigen Niederungen. An der Wegverzweigung hinter dem **Parkplatz Nonroder Höhe** laufen wir geradeaus über die Felder weiter. Rechter Hand taucht in der Ferne der Renaissancebau von Schloss Lichtenberg auf.

An der **Baumgruppe** (1.30 Std.) in der offenen Flur biegt der weiße Doppelstrich nach rechts ab, wir jedoch wandern geradeaus mit dem roten Dreieck weiter. An der folgenden Gabelung halten wir uns rechts. Nach links zurück bietet sich ein schöner Blick auf Fränkisch-Crumbach im Gersprenztal, ehe uns der Wald aufnimmt.

In den naturnahen Altbuchenbeständen sind Spechte emsig am Werk; gelegentlich ist auch der Ruf einer Hohltaube zu vernehmen. Häufig sind nun Granitfelsen zu sehen. Über Felder hinweg wird rechts kurz der Blick auf Messbach frei, ehe wir auf einen breiteren Forstweg gelangen (alter Sandstein-Wegweiser) und links weitergehen. Die Waldränder sind von wilden Kirschbäumen gesäumt, die Mitte April mit ihren zartweißen Blüten die Landschaft verzaubern.

Wir folgen dem markierten Hauptweg stetig leicht bergan. An einer Gabelung halten wir uns rechts. Bald danach heißt es aufgepasst: Wir verlassen den Forstweg in einer leichten Rechtsbiegung (vor einer Sitzgruppe) und zweigen auf den markierten Waldpfad ab. Das rote Dreieck strebt dem **Rimdidim** (2.30 Std.) zu, einer Felsgruppe aus Granitporphyr mitten im Wald. Ihr Name gibt bis heute Rätsel auf. Danach geleitet uns der markierte Pfad zu einem Forstweg, auf dem wir geradeaus weitergehen.

Wir wandern an einer Linksabzweigung vorbei und halten uns an den beiden folgenden Gabelungen jeweils rechts. Unweit der Germannshöhe geht es kurz am Waldrand entlang, ehe wir erneut in schattigen Forst eintauchen. An einer Gabelung halten wir uns links. Bald darauf trennen wir uns vom roten Dreieck, das nach links abschwenkt, und gehen auf dem Hauptweg weiter. Nach 100 m tritt die für uns nun maßgebliche Markierung gelber Balken / gelbes Quadrat hinzu. Wir wandern stets geradeaus, überqueren die Fahrstraße am Parkplatz Weinweg und schreiten gemächlich bergan.

Eine markierte und beschilderte Linksabzweigung führt uns zum Kaiserturm auf der **Neunkircher Höhe** (3.45 Std.). Ihr Name ist neueren Datums. Im Mittelalter hieß die Anhöhe noch Wintercasten, wörtlich Windherrenhöhe (ahd. *winithero-casto* –

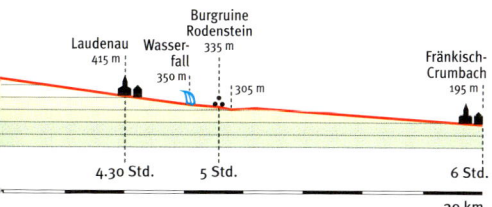

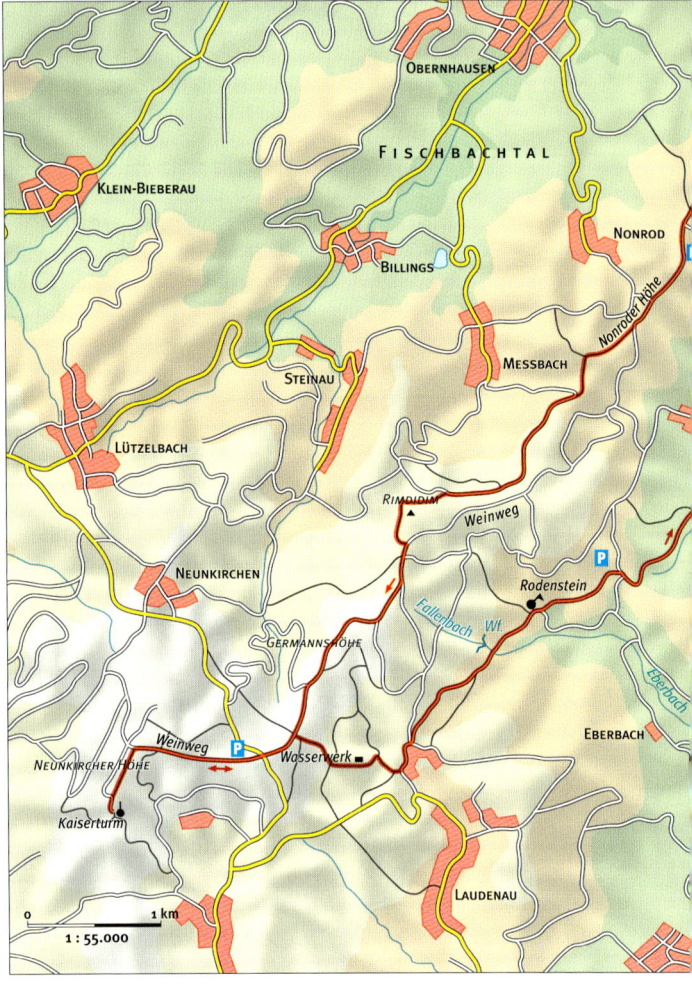

›Berg des Windgottes‹). Erst später ging die Benennung Winterkasten auf das südlich gelegene Dorf über, während der Name Neunkircher Höhe gebräuchlich wurde.

Nach wohlverdienter Rast kehren wir auf demselben Weg zum **Parkplatz Weinweg** zurück. Nach Überqueren der Fahrstraße folgen wir unserem Hinweg noch 300 m, bis wir

mit den gelben Zeichen rechts auf den unscheinbaren Weg abbiegen. Wir wandern zum Waldrand hinab und gehen am Wasserwerk vorbei den asphaltierten Weg nach **Laudenau** (4.30 Std.) hinunter. Das Straßendorf erstreckt sich in einer sanften Talmulde. Der Dorfstraße folgen wir nach links an der Gaststätte ›Zur Freiheit‹ vorbei. Hinter

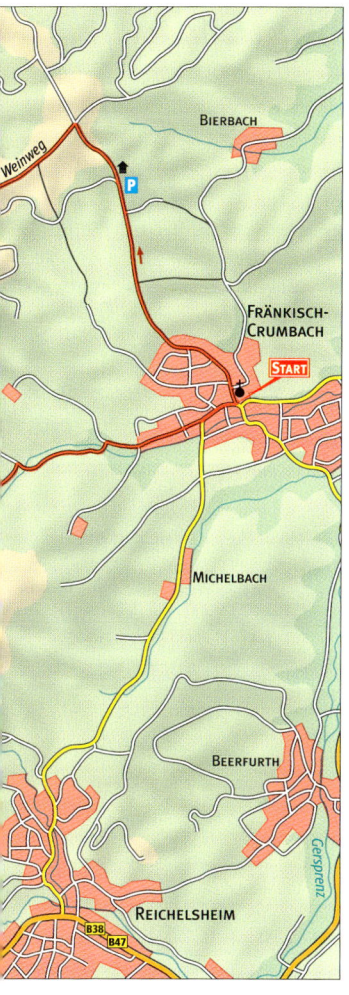

nen acht Meter hohen Granitfelsen herab.

Wenige Minuten später taucht zwischen den Bäumen die **Burgruine Rodenstein** (5 Std.) auf. Es waren die Herren von Crumbach, die sich hier um 1240 ihre Hausburg erbauen ließen. Seit 1256 nannte sich die Familie ›von Rodenstein‹, ein Name, der schließlich auf die Feste überging. Die Burg erlebte mehrfache Umbauten und verfiel allmählich, nachdem ihr letzter Bewohner, Adam von Rodenstein, 1635 mitsamt seiner Familie von der Pest dahingerafft wurde.

Wir verlassen die Burgruine über den talseitigen Torbau und orientieren uns am gelben Balken. Der markierte Weg führt durch das Eberbachtal und geradeaus am Waldrand entlang über die nächste Anhöhe hinweg. Am **Parkplatz Rodenstein** trennen wir uns von dem Wegzeichen und folgen dem asphaltierten Feldweg an der Rechtsabzweigung vorbei in den Talgrund hinab. Blühende Obstbäume in den Wiesen und wilde Kirschbäume am Waldrand bieten im Frühjahr ein prächtiges Bild. An zwei Straßengabelungen halten wir uns jeweils rechts und erreichen schließlich **Fränkisch-Crumbach**.

Wir laufen noch ein gutes Stück geradeaus durch den Ort, um zum **Ausgangspunkt** (6 Std.) zurückzukehren. Neben einem Besuch des Heimatmuseums lohnt sich auch eine Besichtigung der Dorfkirche. Hier sind zahlreiche Grabdenkmäler der Herren von Rodenstein zu sehen, darunter das spätgotische Epitaph von Junker Hans zu Rodenstein.

den letzten Häusern erreichen wir eine Verzweigung und wandern geradeaus den Feldweg hinab (nicht den linken Weg nehmen, der am Parkplatz vorbei in den Wald führt). Auf der linken Talseite geht es kurz am Waldrand entlang, ehe wir in den Forst gelangen. Wir wandern stets geradeaus bergab. An einem Wasserfall stürzt der Fallenbach über ei-

Hochwälder und Talgründe

Rund um das Schlierbacher Tal

Waldige Bergkuppen, grüne Talmulden, buckelige Streuobstwiesen und verstreute Weiler umgeben das Burgstädtchen Lindenfels. Am schönsten ist diese Wanderung im Frühjahr, wenn das zartgrüne Buchenlaub erscheint, und im Herbst, wenn sich das Laub allmählich färbt.

DIE WANDERUNG IN KÜRZE

++
Anspruch

4.30 Std.
Gehzeit

14 km
Länge

Charakter: teils recht steile Anstiege

Wanderkarte: Topographische Naturparkkarte 1 : 50 000 Bergstraße-Odenwald Nordwest

Einkehrmöglichkeiten: in Schannenbach, Seidenbuch, Schlierbach und Lindenfels. Man sollte es nicht versäumen, einmal in einer der kleineren Ortschaften eine Odenwälder Spezialität zu probieren, die in dieser Gegend besonders schmackhaft ist: hausgemachten Koch-käse, nach Geschmack mit Musik (Zwiebeln), dazu einen Schoppen selbst gekelterten Apfelweins.

Anfahrt: Mit dem Kfz: Autofahrer kommen über die B 47. **Mit dem Bus:** Lindenfels ist mit Bus 5560 von Bensheim aus erreichbar, aussteigen an der Haltestelle Lindenfels Mitte.

Öffnungszeiten: Lindenfelser Heimatmuseum, Burgstr. 41, Tel. 0 62 55 / 24 25, geöffnet von April bis Okt. So und an Feiertagen 14.30–16 Uhr.

Nach Ankunft in **Lindenfels** gehen wir zunächst durch die Fußgängerzone (Burgstraße) zur Burgruine hinauf, um einen umfassenden Ausblick auf unser Wandergebiet zu genießen. Jenseits des Schlierbacher Tals erhebt sich im Westen der Krehberg, an seinem Sendemast erkennbar. Er gehört zum waldreichen Bergland des Vorderen Odenwaldes, das mit seinen gestaffelten Kuppen und Anhöhen ein Gefühl von Offen-

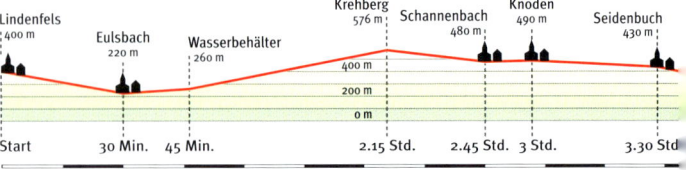

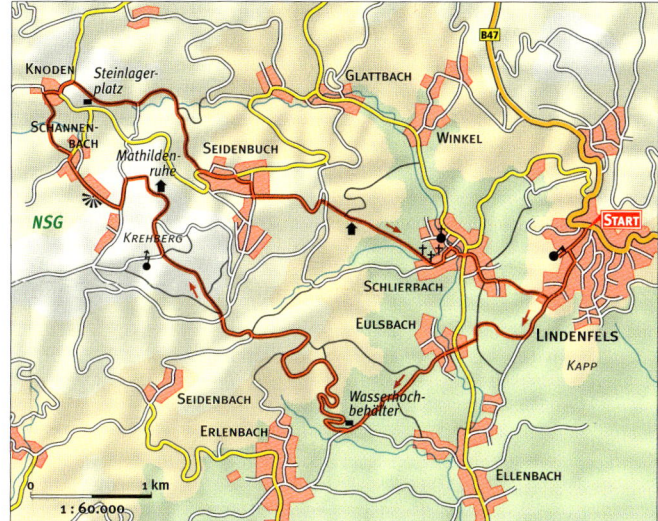

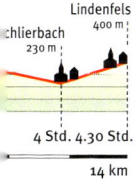

heit und Weite vermittelt. Im Süden erstreckt sich das obere Weschnitztal, das im Südosten durch den bewaldeten Höhenzug der Tromm begrenzt wird.

Wir kehren in die **Fußgängerzone** zurück und gehen direkt gegenüber dem Kurmittelhaus, einem stattlichen Barockbau aus dem Jahre 1723, rechts die Gasse ›In der Stadt‹ hinab. Das rote umgekehrte T übernimmt vorläufig die Führung. Ehe wir die mittelalterlichen Stadttore durchschreiten, öffnet sich links in der Stadtmauer die Betzenkammer (16. Jh.), das einstige Verlies. Auf der Außenseite des inneren Stadttors sind die Pechnase mit dem kurpfäl-

zischen Wappen und die Konsolsteine mit den beiden ›Neidköpfen‹ beachtenswert. Fratzen oder Tierköpfe dieser Art dienten im Mittelalter der Abwehr böser Mächte.

Wir gelangen auf eine Straße und gehen geradeaus durch das Wohngebiet bergab. An einer Straßengabelung halten wir uns rechts. Hinter den letzten Häusern führt uns das markierte Sträßchen über buckelige Streuobstwiesenhänge zu Tal. Einige Obstbäume sind mit Misteln bewachsen. Nach etwa fünf Minuten weist uns das rote umgekehrte T an einer dreieckig asphaltierten Abzweigung rechts auf einen Wiesenweg. Wir wandern zunächst hangparallel, dann allmählich bergab. An einem alten Grenzstein wenden wir uns nach links und gehen den asphaltierten Hohlweg hinunter.

In **Eulsbach** (30 Min.) überqueren wir die Durchgangsstraße und laufen geradeaus auf dem Erlenbacher Weg weiter. Sogleich überqueren wir einen Bachlauf. Über die nächste

65

Straßenkreuzung gehen wir geradeaus hinweg. Hinter dem Ort führt unser Sträßchen den Hang empor. An einer Gabelung halten wir uns links und wandern auf dem Sträßchen am Waldrand entlang weiter. Der Blick schweift über die liebliche, aufgelockerte Landschaft des Vorderen Odenwaldes.

An der nächsten Gabelung gehen wir den schräg rechts ansteigenden Forstweg am **Wasserhochbehälter Ellenbach** (45 Min.) vorbei. Der blaue Balken dient nun der Orientierung. Wir folgen dem Forstweg in Serpentinen durch hohen Buchenwald bergauf. Schließlich wandern wir unterhalb des Waldrandes geradeaus an einer Linksabzweigung vorbei. Es geht alsbald ein kurzes Stück bergab, ehe wir nach links biegen und aus dem Wald heraustreten. Wir überqueren eine offene Hochfläche mit Wiesen und Feldern, vor uns den dicht bewaldeten Krehberg im Blick. An einer Straßenkreuzung in der Flur gehen wir geradeaus weiter.

Am Waldrand verlassen wir das Sträßchen und folgen dem markierten Waldpfad geradeaus über zwei Querwege hinweg recht steil bergauf. Der blaue Balken auf den Baumstämmen ist weiterhin unser Lotse. Verstreut im Hochwald sind zahlreiche Gesteinsbrocken und einige mächtige Felsburgen aus Diorit zu sehen. Schließlich verflacht der Anstieg. Wir stoßen auf einen Forstweg, dem wir nach links folgen. Über eine Kreuzung hinweg gelangen wir zur Sendeanlage auf dem **Krehberg** (2.15 Std.). Wir wandern geradeaus weiter und genießen kurz darauf an der **Mathildenruhe** (Schutzhütte) die freie Sicht nach Nordosten auf die Neunkircher Höhe. Unser Weg führt allmählich im Wald bergab und mün-

det in einen Querweg, den wir nach links hinaufgehen.

Bald folgen wir der Krehbergstraße rechts nach **Schannenbach** (2.45 Std.) hinab. Bei den ersten Häusern fällt der Blick nach Westen über einen Wiesenhang hinweg auf die Rheinebene. Wir stoßen auf die Dorfstraße und folgen ihr nach rechts. An der nächsten Kreuzung biegen wir links in den Lerchenweg. Im nahen Wald wandern wir einen Pfad in einem Rechts-Links-Schlenker bergab. Unten am Waldrand folgen wir dem befestigten Weg nach rechts durch ein saftiges Wiesentälchen.

In **Knoden** (3 Std.) trennen wir uns von dem bisherigen Zeichen und folgen der Dorfstraße nach rechts. Am Ortsausgang gehen wir kurz die Fahrstraße nach links in Richtung Gadernheim hinauf. In der ersten Linkskurve (gegenüber einem Laternenmast) zweigt ein Pfad, der mit dem gelben Dreieck markiert ist, rechts in den Wald ab. Wir folgen ihm durch das Gehölz und bis zum Waldrand bei einem Steinlagerplatz.

Am Waldrand weist das Zeichen links auf einen Feldweg, wir jedoch gehen geradeaus weiter. Am Ende des **Steinlagerplatzes** (noch vor der Fahrstraße) wandern wir an einer Stromleitung einen Weg nach links bergab. Bald passieren wir ein einsam gelegenes Wohnhaus; kurz dahinter halten wir uns an der Weggabelung rechts. Links tauchen hohe Felsen im schattigen Wald auf, ein ehemaliger Steinbruch. Wir wandern nach rechts weiter bergab, überqueren einen kleinen Bachlauf und halten uns dahinter an der Wegverzweigung rechts auf dem zunächst ansteigenden Weg. Durch schattigen Wald wandern wir nach **Seidenbuch** (3.30 Std.). Dieser Weiler geht auf eine Glashütte zurück, die hier 1782 inmitten der waldreichen Landschaft gegründet wurde. Einst lieferten die umliegenden Buchenwälder das in großen Mengen benötigte Brennholz zur Befeuerung des Schmelzofens.

Wir gehen geradeaus in den Ort hinein und wenden uns nach der Bushaltestelle schräg rechts in die Obergasse. An ihrem Ende folgen wir der Querstraße nach rechts bergan und biegen an der zweiten Kreuzung links in die Schwannstraße. Auf dem restlichen Rückweg lassen wir uns nun von der weißen Raute leiten. Die Straße ist anfänglich als Birkenallee angelegt und führt geradeaus in den Wald. Unmittelbar hinter der ersten Linksbiegung verlassen wir die Straße und folgen rechts dem markierten Waldpfad bergab. Alsbald überqueren wir einen Forstweg und gehen weiter bergab.

Neben einer **Schutzhütte** kommen wir am Waldrand heraus. Hier genießen wir einen wunderschönen Blick nach Süden auf das obere Weschnitztal und den nach Südosten anschließenden Höhenzug der Tromm. Wir wandern geradeaus den Feldweg zu Tal. Dann gehen wir einen Pfad durch ein Gehölz bergab, ehe wir ein Wassertretbecken passieren. Kurz danach wechseln wir mit dem Zeichen auf die rechte Talseite und wandern in der Nähe des Bachlaufs nach **Schlierbach** (4 Std.) hinunter.

Unser Wiesenpfad stößt auf eine Straße, der wir (ohne unser Zeichen) nach links zum Friedhof neben der evangelischen Kirche folgen. Statt Grabsteinen oder Kreuzen stehen hier an vielen Ruhestätten merkwürdige Grabbretter. Diese weißen, mit Blumen bemalten Totenbretter oder ›Stickel‹, wie sie auch genannt

werden, gehen vermutlich auf die Reformationszeit zurück und dienten ursprünglich als Leichentrage – Särge waren zu teuer. Die Blüte symbolisiert das Leben, während die rankende Wurzel als Sinnbild für die Auferstehung nach dem Tode gilt. Interessanterweise beginnt die Aufschrift jeweils mit ›Hier ruht in Frieden‹ (statt ›in Gott‹).

An der Kirche verlassen wir den Friedhof und folgen der Straße nach rechts am Mühlkanal entlang. Die schmucken Fachwerkhäuser von Schlierbach bilden ein harmonisches Ensemble. Wir überqueren die Fürther Straße, schließen uns wieder der weißen Raute an und gehen auf der Straße ›Jägersgarten‹ weiter. Diese Straße führt uns geradeaus durch ein Wohngebiet. Hinter den letzten Häusern führt uns ein kräftiger Anstieg (an einer Linksabzweigung vorbei) nach **Lindenfels** (4.30 Std.) zurück.

Totenbretter, so genannte Stickel, auf dem Friedhof in Schlierbach

Im Herzen des Odenwaldes

Von Fürth auf die Tromm

Der waldreiche Höhenzug der Tromm erstreckt sich zwischen Fürth und Wald-Michelbach; am Osthang verläuft die geologische Grenze zwischen Kristallinem und Buntsandstein-Odenwald. Ländliche Gasthäuser laden unterwegs zur Rast. Vom Ireneturm bietet sich ein weiter Rundblick über das Waldgebirge.

DIE WANDERUNG IN KÜRZE

++
Anspruch

Charakter: Feld- und Forstwege; kurze steile Waldpfade; auch wegen der Länge stellt die Tour Anforderungen an die Kondition.

schönen Aussicht auf der Tromm

Anfahrt: Mit dem Kfz: Autofahrer nehmen die B38 oder B460. **Mit Bahn- oder Bus:** Fürth erreicht man von Weinheim mit der Bahn oder von Heppenheim mit dem Bus.

5 Std.
Gehzeit

Wanderkarten: Topographische Naturparkkarte 1 : 50 000 Bergstraße-Odenwald Nordwest und Nordost.

17 km
Länge

Einkehrmöglichkeiten: Gasthäuser Schardhof, Trommer Hof und Zur

Öffnungszeiten: Der Ireneturm ist So und an Feiertagen geöffnet.

Bei Verlassen des **Bahnhofs** von **Fürth** wenden wir uns nach rechts. Am Ende der Bahnhofstraße finden wir als Markierung das rote Quadrat, das uns auf die Tromm führen wird. Mit dem Zeichen folgen wir der Querstraße nach rechts in Richtung Steinbach, biegen links in die Kettelerstraße und laufen gleich darauf rechts durch eine Grünanlage. Dahinter geleitet uns der Trommweg durch ein Wohngebiet, ehe wir über die offene Flur zum Waldrand ansteigen.

Hier an der **Schutzhütte** (45 Min.) verlassen wir den Hauptweg und gehen den markierten Waldpfad nach rechts in ein Tälchen hinab. Hinter dem Bachlauf folgen wir dem Wald-

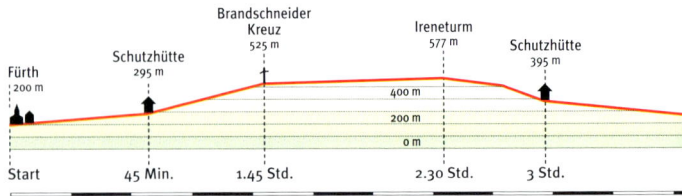

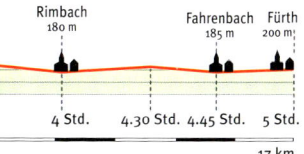

weg bergauf und an der nächsten Kreuzung nach links weiter empor. In einer Rechtsbiegung verlassen wir den Hauptweg und wandern den markierten Waldweg zunehmend steiler hinauf. Kurz nach Überqueren des Bergrückens am **Brandschneider Kreuz** (1.45 Std.) stoßen wir auf ein Asphaltsträßchen, dem wir nach

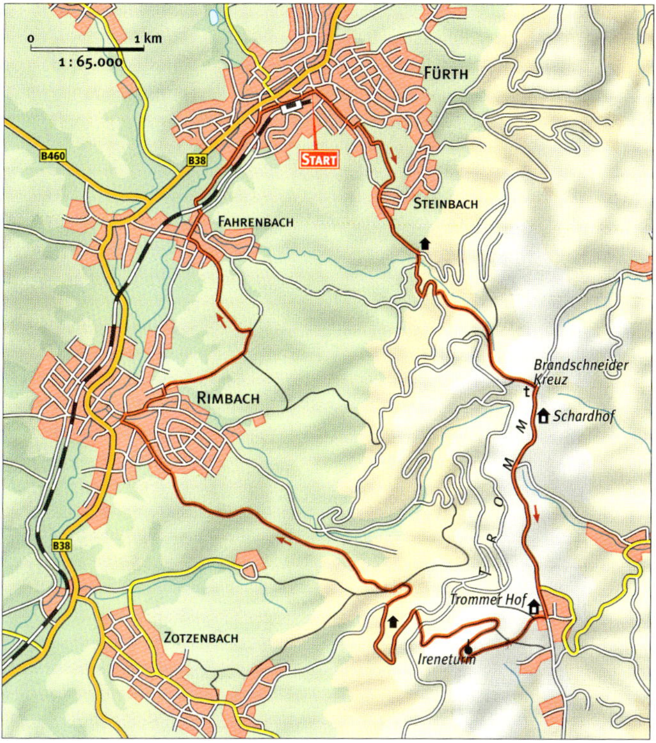

rechts folgen. Am Schardhof bietet sich eine erste Einkehrmöglichkeit.

Die nächste Zeit geht es geradeaus auf dem Höhenweg entlang, vorbei am **Naturdenkmal Lindenstein.** Hinter dem Trommer Hof schwenkt unsere markierte Wanderroute nach rechts und schlängelt sich zum **Ireneturm** (2.30 Std.). Der Name des 1890 erbauten und 1910 erneuerten Aussichtsturms erinnert an Prinzessin Irene, die Tochter des Großherzogs Ludwig IV. von Hessen-Darmstadt. Mit 23 m Höhe überragt der Ireneturm die Baumwipfel nur knapp, und doch gewährt er einen herrlichen Rundblick über den Odenwald. Bei guter Fernsicht ist jenseits der Rheinebene der Pfälzer Wald erkennbar.

Blick vom Ireneturm

Hinter dem Turm folgen wir dem mit der gelben Ziffer 9 im Kreis markierten Waldpfad nach rechts zwischen Granitblöcken bergab. Aufmerksam achten wir auf unser Zeichen, denn mehrfach ändert sich an Querwegen die Richtung. Sobald sich der Wald lichtet und unser Blick zwischen den Bäumen in das Weschnitztal fällt, heißt es aufgepasst: Zwischen zwei **Hochsitzen** (Jagen ›Ri-Zotzenbach 29 Kreuzberg‹) gehen wir scharf rechts einen Waldpfad hinab, obwohl die Ziffer 9 zugleich auch geradeaus weiterführt. Die Markierung geleitet uns schließlich zu einer **Schutzhütte** (3 Std.).

Nun lassen wir die Ziffern unbeachtet und gehen auf dem Hauptweg weiter bergab. Der Weg beschreibt bald eine Rechts-, dann eine Linkskehre. In der Linkskehre wandern wir geradeaus einen Nebenweg empor, der mit der gelben Ziffer 8 im Kreis markiert ist. Der Weg führt bald durch ein Tälchen und stößt kurz danach auf einen Querweg, der mit dem weißen Dreieck markiert ist. Wir wandern nach links bergab und lassen uns nun von dem weißen Dreieck leiten. Bald halten wir uns an einer Gabelung rechts, lassen schließlich den Wald hinter

uns und wandern zwischen Feldern nach **Rimbach** (4 Std.) hinab.

Im Ort gesellt sich der blaue Balken hinzu, der nun die Führung übernimmt. Am Dorfplatz schwenken wir mit dem Zeichen nach rechts. An der ersten Gabelung biegen wir links in die Holzbergstraße; an der folgenden Gabelung halten wir uns ebenfalls links. Am Ortsrand verlassen wir die Straße in einer Linkskurve und wandern auf einem Feldweg weiter, der zwischen buckeligen Äckern und Streuobstwiesen entlangführt. Zur Rechten bietet sich ein letzter Blick auf den waldigen Höhenzug der Tromm. An einer **Wegkreuzung** (4.30 Std.) weist uns das Zeichen nach links.

Am Feuerwehrhaus in **Fahrenbach** (4.45 Std.) stoßen wir auf eine Straßenkreuzung, trennen uns vom blauen Balken und laufen rechts weiter. Das gelbe X ist nun unser Begleiter. Hinter Haus Nr. 101 weist uns das Zeichen nach links. Hinter der Bahnlinie halten wir uns rechts und wandern mit dem Zeichen nach **Fürth.** Hier geht es durch ein Wohngebiet, über eine große Querstraße hinweg geradeaus weiter und dann rechts ›In den Betten‹ direkt zum **Bahnhof** (5 Std.) zurück.

Auf den Spuren der Burgunder

Rund um Grasellenbach

Breite, waldreiche Höhenrücken und lang gestreckte Täler, in denen schier endlose Straßendörfer liegen, sind für den Hinteren Odenwald typisch. Inmitten dieser Waldeinsamkeit sprudelt der Siegfriedsbrunnen, legendärer Schauplatz der Ermordung des holden Reckens.

DIE WANDERUNG IN KÜRZE

+
Anspruch

Charakter: Bequeme Feld- und Forstwege, teils schattig; kurze steile Waldpfade

Wanderkarte: Topographische Naturparkkarte 1 : 50 000 Bergstraße-Odenwald Nordost

Einkehrmöglichkeiten: Café Bauer im Gaßbachtal, Gasthäuser in Hammelbach und Wahlen

3.30 Std.
Gehzeit

10 km
Länge

Anfahrt: Mit dem Kfz: Grasellenbach liegt südlich der B 460 und ist vom Westen über Fürth erreichbar. Autofahrer können in der Siegfriedstraße neben der Post parken. **Mit Bahn und Bus:** Grasellenbach ist vom Bahnhof Weinheim mit dem Bus erreichbar; aussteigen an der Haltestelle Guntherstraße.

Von der **Bushaltestelle** Gunther-straße in **Grasellenbach** wenden wir uns westwärts in die Siegfried-straße. An der Gabelung vor dem Hotel Dorflinde folgen wir der Hammelbacher Straße nach links und biegen hinter dem Hotel Siegfriedbrunnen rechts in die Heinrich-Glücklich-Straße. Hinter Haus Nr. 8 verlassen wir die Straße und wandern links auf einem Weg weiter (Ausschilderung zum Café Bauer), der uns in das Gaßbachtal führt.

Wir halten uns auf diesem Weg, der geradlinig oberhalb des Talgrundes verläuft. Das schmale Wiesental ist von Mischwald gesäumt; in den feuchten Auenbereichen sind Binsen verbreitet. Unterhalb eines Kneippschen Handbeckens, das von einer kühlen Quelle gespeist wird, treten wir wieder aus dem Wald heraus und wandern geradeaus auf der rechten Talseite weiter. Wir folgen dem Fahrweg am Waldrand entlang, vorbei an der Linksabzweigung zum Café Bauer.

An der **Gabelung** am oberen Talende (vor der Peter-Rensch-Ruh; 30 Min.) wenden wir uns nach links und folgen dem Fahrweg geradeaus nach **Hammelbach**. Mit dem Schafsbock hängt der Ortsname übrigens nicht zusammen; er leitet sich vielmehr von *hamolo* ab, was ›Heim am Berghang‹ bedeutet. Im Ort folgen wir der Durchgangsstraße nach links. Sobald wir das Rathaus passiert haben, machen wir einen kurzen Abstecher nach rechts durch die Schulstraße zur evangelischen **Pfarrkirche** (1 Std.).

Bauer in Wahlen vor seinem mit Holzschindeln verkleideten Hof

Das Gotteshaus entstand 1802 im typisch frühklassizistischen Stil einer Hallenkirche. Eigentliche Sehenswürdigkeit ist jedoch die gotische Kapellenruine (14. Jh.) im gegenüberliegenden Friedhof, auf der sich dekorativ eine Krüppelkiefer erhebt. Beachtenswert sind außerdem der Pranger, das Backhaus von 1766 und das Gefängnis an der Mauer unterhalb des Friedhofs. Wenn man die Straße noch ein Stückchen weitergeht, sieht man einige schöne alte Gehöfte.

Wir kehren zur Durchgangsstraße zurück und gehen rechts weiter, bis wir links auf den Gras-Ellenbacher Weg abbiegen (Markierung gelbes umgekehrtes T). Bei den letzten Häusern nimmt uns Wald auf. Wir wandern geradeaus zur Wegkreuzung an der Kniebrechhütte (1.30 Std.) und biegen hier nach rechts. Die Markierungen Wa 1 und gelbes X dienen nun der Orientierung. Der Weg zieht sich geradlinig durch den Wald, doch sobald er deutlich bergab zu führen beginnt, weisen uns die Zeichen links auf einen unscheinbaren Waldpfad. Wir folgen aufmerksam der markierten Route bergab, die einige Mal die Wege wechselt und am Hang des Hammelbergs zum Ortsrand von Wahlen hinabführt.

Wir gelangen zur Fahrstraße hinunter und folgen ihr links nach **Wahlen** (2.15 Std.) hinein. An der

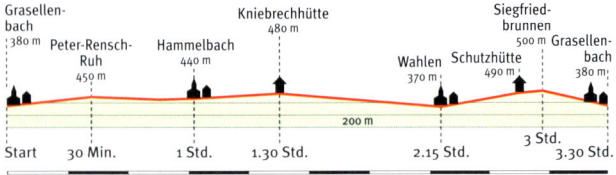

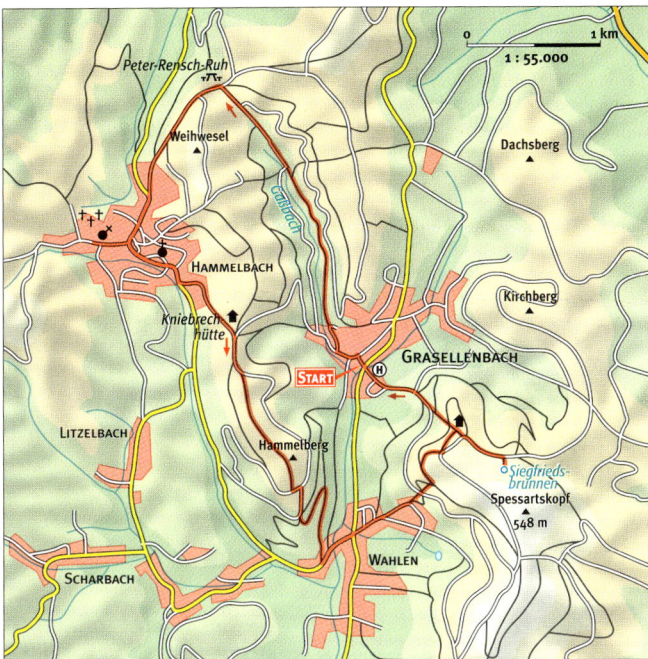

zentralen Straßenkreuzung biegen wir nach links und gehen sogleich hinter der Ampel rechts den Siegfriedring hinauf. Das gelbe X dient weiter der Orientierung. Wir biegen links auf den Fuchspfad, laufen an einem Wohngebiet vorbei und wandern am Ortsrand geradeaus steil im Wald empor. Der Pfad steigt zu einer Wegkreuzung bei einer stattlichen Buche an. Hier gehen wir schräg links 40 m den Forstweg hinauf, ehe der markierte Pfad steil ansteigt. Dem zweiten Querweg folgen wir nach links und halten uns dann sogleich an einer Gabelung rechts. Unmittelbar vor Erreichen eines breiteren Forstwegs wandern wir einen unscheinbaren Weg schräg links hinunter und stoßen bei einer Schutzhütte auf einen Querweg, der mit dem roten Kreuz markiert ist.

Zunächst machen wir auf dem markierten Weg einen Abstecher nach rechts zum **Siegfriedsbrunnen** (3 Std.). Zwei Schutzhütten und Sitzbänke um die Quelle herum laden am legendären Schauplatz der Ermordung Siegfrieds zur beschaulichen Rast. Ob es freilich gerade dieser Brunnen war, wo der hehre Recke durch Hagen heimtückisch erschlagen worden sein soll, liegt völlig im Dunkeln. Im Nibelungenlied findet sich keine genaue Ortsangabe, und so ist die Zahl der angeblichen Siegfriedbrunnen, die in den sagenumwobenen Jagdgründen der Burgunder sprudeln, längst Legion.

Vom Siegfriedbrunnen kehren wir zur Schutzhütte zurück und folgen dem roten Kreuz, das uns ohne Umschweife nach **Grasellenbach** führt (3.30 Std.).

Zum alten Quellheiligtum

Von Siedelsbrunn nach Heiligkreuzsteinach

Diese Wanderung bezieht ihren Reiz aus der Ruhe und Abgeschiedenheit, die wir auf schattigen Waldwegen genießen. Unterwegs besuchen wir die Ruine einer Wallfahrtskapelle an einem alten Quellheiligtum.

DIE WANDERUNG IN KÜRZE

+++
Anspruch

Charakter: lange, Ausdauer erfordernde Wanderung auf zumeist bequemen Forstwegen

6.30 Std.
Gehzeit

Wanderkarte: Topographische Naturparkkarte 1 : 50 000 Odenwald Südwest

22 km
Länge

Einkehrmöglichkeiten: Gastwirtschaft Stiefelhütte, Gasthöfe in Heiligkreuzsteinach und Siedelsbrunn

Anfahrt: Mit dem Kfz: Autofahrer parken an der

Durchgangsstraße unterhalb der Kirche. **Mit Bus und Bahn:** Siedelsbrunn, ein Ortsteil von Wald-Michelbach, ist vom Bahnhof Weinheim mit dem Bus erreichbar; an der Haltestelle Siedelsbrunn-Post aussteigen.

Öffnungszeiten: Heimatmuseum im Alten Rathaus, Wald-Michelbach, Tel. 0 62 07 / 14 92, im Sommerhalbjahr Do und So nachmittags

Neben dem **Buswartehäuschen** in **Siedelsbrunn,** gegenüber der Gaststätte Zur Krone, zweigt schräg von der Durchgangsstraße die Obergasse ab. Diese Gasse biegt sogleich nach links und führt zu einer Straßenverzweigung bei einem Brunnen hinunter, an der wir geradeaus die Eiterbachstraße hinabgehen. Nach den letzten Wohnhäusern führt uns das Sträßchen in das stille Wiesental. Die Asphaltierung endet, und unser Weg taucht in den Wald ein. An der Weggabelung wandern wir nach links weiter bergab. Wir gelangen in das Naturschutzgebiet Eiterbachtal

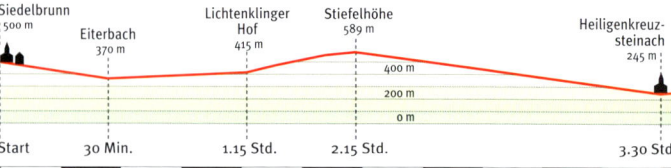

Die Ruine des Lichtenklinger Hofes

(Hinweisschild) und folgen dem Weg in der Nähe des Waldrandes. Nach etwa 100 m stoßen wir im **Talgrund** (30 Min.) auf einen Querweg und

schließen uns nun der Markierung weißes Quadrat nach rechts an.

Der Weg führt aus dem Tal und verläuft durch schattigen Wald. Wir

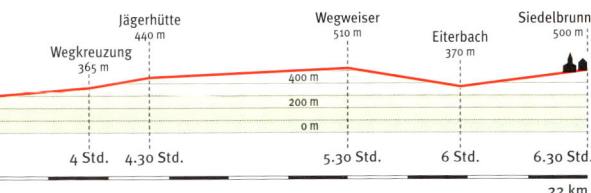

Jägerhütte 440 m

Wegweiser 510 m

Siedelbrunn 500 m

Eiterbach 370 m

Wegkreuzung 365 m

400 m

200 m

0 m

4 Std.   4.30 Std.   5.30 Std.   6 Std.   6.30 Std.

22 km

stoßen auf eine Schotterstraße, der wir nach rechts ansteigend folgen. Bald biegen wir links auf den markierten Seitenweg ab, der uns zum **Lichtenklinger Hof** (1.15 Std.) führt. An dem alten Quellheiligtum ›Im lichten Klingen‹ (mhd. *klingen* = Stelle, an der Wasser fließt) steht die romantische Ruine einer 1387 errichteten, jedoch bereits Mitte des 16. Jh. verfallenen Wallfahrtskapelle. Unterhalb des Weges entspringt die gefasste Quelle, ein idyllisches Plätzchen für eine erste Rast.

Direkt hinter dem Lichtenklinger Hof weist unser Wanderzeichen nach rechts. Unser Pfad schlängelt sich durch aufgelockerten Mischwald mit vereinzelten Edelkastanien empor. Dem zweiten Querweg folgen wir nach links bergan. Gleich hinter der Rechtsbiegung auf der Anhöhe verlassen wir den Hauptweg, trennen uns zugleich vom weißen Quadrat und gehen links den Weg hinauf, der mit blauen Balken markiert ist. Dieses Zeichen dient uns bis Heiligkreuzsteinach zur Orientierung. Unser Weg steigt zur **Stiefelhöhe** (2.15 Std.) an und führt dahinter zur bewirtschafteten Stiefelhütte hinunter.

Weiter geht es auf schönen Waldwegen bergab. Das Zeichen lotst uns zuverlässig über alle kritischen Stellen hinweg. Einem Asphaltsträßchen folgen wir nur kurz, ehe wir auf den zweiten Weg nach links abbiegen. Nachdem wir schließlich zwischen den Bäumen die ersten Häuser von Heiligkreuzsteinach erblicken, laufen wir an der undeutlich markierten Wegkreuzung nach rechts zum Waldrand hinab und hier links weiter.

Wir folgen der Bannholzstraße bergab, biegen scharf rechts in den Rabelsacker und wenden uns so-

gleich links in die steile Sauhohl, die zur Fahrstraße im Eiterbachtal hinunterführt. Wir folgen der Straße rechts nach **Heiligkreuzsteinach** hinein, wo uns rund um den Marktplatz mehrere gute Gasthäuser und Cafés erwarten (3.30 Std.).

Wir gehen die Straße wieder zurück und orientieren uns nun am gelben senkrechten Doppelstrich. Vor dem Ortsausgangsschild leitet uns das Zeichen rechts den Weinweg empor. Am Ortsende gelangen wir in den Wald und folgen dem markierten Hauptweg nach links bergan. An einer **Wegkreuzung** (4 Std.) biegt das Zeichen rechts ab, wir jedoch wandern geradeaus ansteigend weiter; auf einem alten Wegweiser aus Sandstein steht ›Fußpfad zur Jägerhütte‹. Auf dem Bergrücken stoßen wir auf einen Höhenweg, dem wir nach links folgen. Das rote Quadrat ist nun unser Lotse.

An der **Jägerhütte** (4.30 Std.) bietet ein kleiner Brunnen am Rande einer sonnigen Waldwiese eine willkommene Erfrischung. Der markierte Wanderweg führt mit leichter Steigung weiter, bis sich nach längerer Zeit rechts erneut eine Waldwiese lichtet. Am rechten Wegesrand steht ein alter **Wegweiser** aus Sandstein (5.30 Std.). Der berühmte Dreimärker (sog. Adlerstein), der hier einst stand, ist heute aus Sicherheitsgründen im Heimatmuseum in Wald-Michelbach ausgestellt.

Wir verlassen an dieser Stelle den Hauptweg und mit ihm unser bisheriges Zeichen, um links auf den Weg abzubiegen, der mit dem weißen Quadrat markiert ist. Das Zeichen geleitet uns durch den Wald ins **Eiterbachtal** (6 Std.) hinab. An der Gabelung im Talgrund stoßen wir auf unseren Hinweg, der uns rechts nach **Siedelsbrunn** (6.30 Std.) zurückführt.

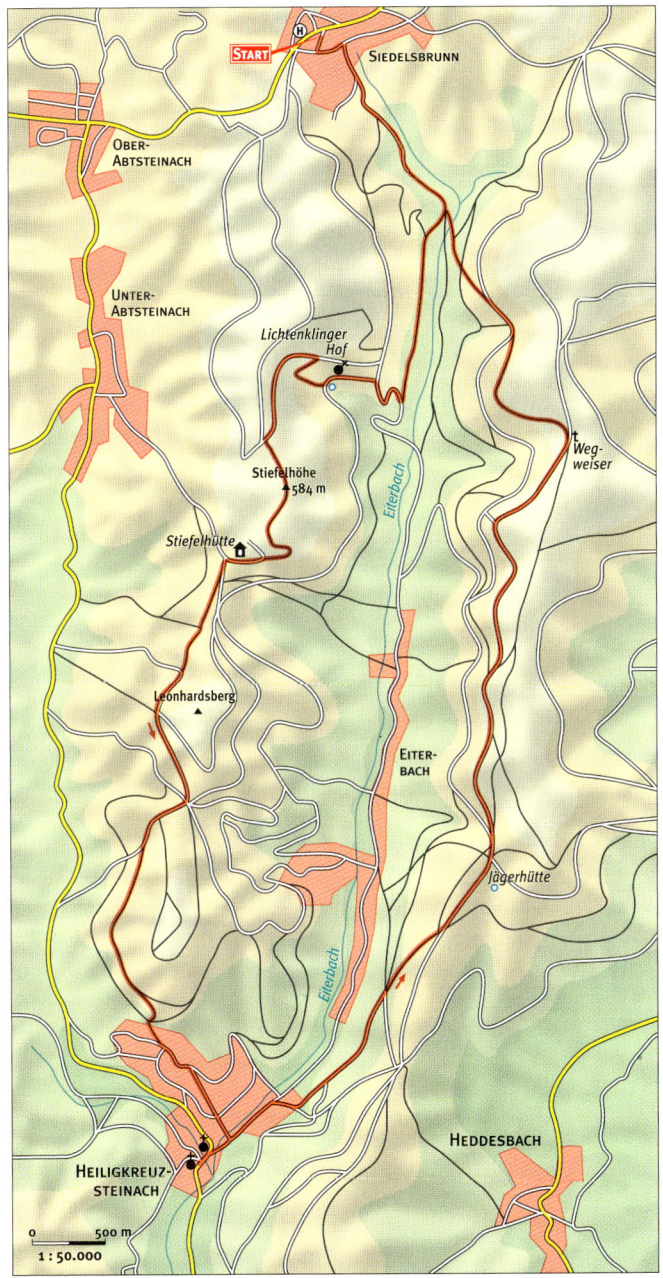

START

H

SIEDELSBRUNN

OBER-
ABTSTEINACH

UNTER-
ABTSTEINACH

Lichtenklinger
Hof

t Weg-
weiser

Stiefelhöhe
▲ 584 m

Eiterbach

Stiefelhütte

Leonhardsberg ▲

EITER-
BACH

Jägerhütte

Eiterbach

HEDDESBACH

HEILIGKREUZ-
STEINACH

0   500 m

1 : 50.000

Tour 17

Ein verschwundenes Dorf

Von Ober-Schönmattenwag nach Dürr-Ellenbach

Das Dürr-Ellenbachtal gilt als eines der abgeschiedensten Täler im südlichen Buntsandstein-Odenwald. In seinem Oberlauf liegt ein malerisches Gehöft, das als einziges von einem untergegangenen Weiler erhalten ist.

DIE WANDERUNG IN KÜRZE

+
Anspruch

3 Std.
Gehzeit

10 km
Länge

Charakter: Überwiegend Forstwege

Wanderkarte: Topographische Naturparkkarte 1 : 50 000 Bergstraße – Odenwald Nordost

Einkehrmöglichkeit: Ober-Schönmattenwag

Anfahrt: Mit dem Kfz: Autofahrer biegen in Ober-Schönmattenwag in Richtung Raubach ab. Nach etwa 250 m kommt links der Parkplatz Dürr-Ellenbachtal. **Mit der Bahn und dem Bus:** Vom Bahnhof Heppenheim oder Hirschhorn nach Ober-Schönmattenwag.

Wir verlassen **Ober-Schönmattenwag** auf der Straße in Richtung Raubach. Hinter den letzten Häusern gehen wir an der Linksabzweigung zum Waldlehrpfad vorbei, folgen der Straße das kurze Stück vom Waldrand hinauf und biegen hier links auf den Weg ab, der nach Dürr-Ellenbach beschildert ist. Zu unserer Linken erstreckt sich das in waldige Berghänge eingesenkte Dürr-Ellenbachtal. Gleich zu Beginn ist am rechten Wegesrand (unmittelbar vor einer Linde) eine alte **Flachsröste** zu sehen,

die einzig erhaltene im Odenwald. Dieses so genannte Brechloch ist aus Sandsteinen erbaut und diente einst der Vorbereitung des Flaches bei der Leinenherstellung.

Unser Weg verläuft geradlinig am Hang des breiten Wiesentals; eine Linksabzweigung in den Talgrund hinab lassen wir unbeachtet. Das Tal ist von Hecken durchzogen, die den Menschen früher Haselnüsse, Brennholz und Weidengerten lieferten. Niedrige, noch heute erkennbare Trockenmauern aus Sandstein

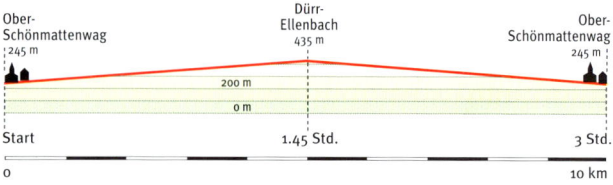

Ober-Schönmattenwag
245 m

Dürr-Ellenbach
435 m

Ober-Schönmattenwag
245 m

200 m

0 m

Start

1.45 Std.

3 Std.

0

10 km

dienten einst der Anlage von Acker-terrassen. Bis in das 19. Jahrhundert hinein wurden auf den terrassierten Hängen Buchweizen, Roggen und Kartoffeln angebaut. Allmählich ver-engt sich das offene Wiesental, dunkle Fichtenbestände breiten sich in der Aue aus.

Wir stoßen auf einen **Querweg,** dem wir nach links folgen. Unten im Tal, zumeist unseren Blicken verbor-gen, rauscht der Bach. Schließlich gehen wir geradeaus über eine Weg-kreuzung hinweg, nun begleitet von dem Zeichen gelber Punkt. Gele-gentliche Reste eines Sandsteinpfla-sters bezeugen, dass wir auf einem alten Verbindungsweg wandern.

Bald erreichen wir die einsam ge-legene Revierförsterei **Dürr-Ellen-bach** (1.45 Std.), ein malerisches Fachwerkensemble mit Wohnhaus und zwei Scheunen. Mehr ist nicht erhalten von dem gleichnamigen Weiler Dürr-Ellenbach (›dorniges Ul-mental‹ aus ahd. *türrin* = dornig und *elme* = Ulme), der im Laufe des 19. Jh. auf Grund der ungünstigen landschaftlichen Bedingungen auf-gegeben wurde. Das Wohnhaus (1793) – mit der alten, ornamental verzierten Eingangstür – ist mit Holzschindeln verkleidet. Unterhalb der großen Scheune steht ein ehe-maliger Dorfbrunnen einsam in der Wiese, ein romantisches Bild der Vergänglichkeit.

Wir kehren auf demselben Weg bis zur Wegkreuzung zurück und bie-gen scharf rechts in den Talgrund. Unmittelbar nach Überqueren des **Bachlaufs** folgen wir dem Weg, der links abzweigt und in der Aue ver-läuft. Bald kommen wir am **Wasser-behälter** (1969) von Schönmatten-wag vorbei. Wir halten uns nun stets geradeaus auf dem teils grasüber-wachsenen Waldweg, der auf der

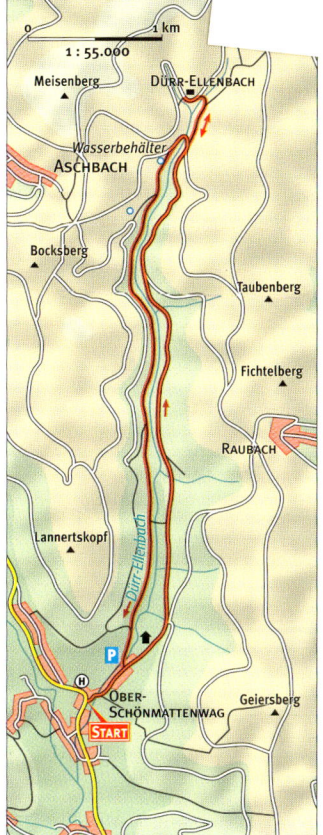

rechten Talseite allmählich bergab-führt. Hinter einem kleinen **Brunnen** (1935) am rechten Wegesrand ent-springt längs der Böschung ein Quellhorizont.

Unser Weg führt an weiteren Quellen vorbei. Gegen Ende der Wanderung bietet ein Kneippsches Tretbecken Gelegenheit zur Abküh-lung. Schließlich überqueren wir den Bachlauf, passieren eine Schutzhüt-te mit Grillplatz und gelangen wieder auf die Fahrstraße, die uns nach **Ober-Schönmattenwag** zurückführt (3 Std.).

Eine Bootsfahrt auf dem Neckar

Beschaulicher Ausflug von Heidelberg nach Neckargemünd

Zwischen Heidelberg und Eberbach verkehren im Sommerhalbjahr regelmäßig Ausflugsschiffe. Eines der Boote nach Neckargemünd wollen wir heute besteigen. In der historischen Altstadt erwarten uns prächtige Fachwerkhäuser. Vom Königstuhl genießen wir einen herrlichen Rundblick.

DIE WANDERUNG IN KÜRZE

++
Anspruch

4.30 Std.
Gehzeit

13 km
Länge

Charakter: Zumeist bequeme Waldwege; ziemlich steiler Abstieg vom Königstuhl

Wanderkarte: Topographische Naturparkkarte 1 : 50 000 Odenwald Südwest

Einkehrmöglichkeiten: Am Königstuhl und an der Molkenkur

Anfahrt: Von Heidelberg fahren im Sommerhalbjahr regelmäßig **Ausflugsboote** der Rhein-Neckar-Fahrgastschifffahrt neckaraufwärts. Die Anlegestelle in Heidelberg liegt an der Stadthalle, das dortige Büro ist von März bis Okt. 8–17 Uhr geöffnet (Tel. 0 62 21 / 2 01 81, Fax 2 02 11). Die Bootsfahrt von Heidelberg nach Neckargemünd dauert knapp eine Stunde. Außerhalb der Saison gelangt man von Heidelberg **mit der Bahn** nach Neckargemünd.

Öffnungszeiten: Museum im Alten Rathaus, Hauptstraße 25, Neckargemünd, So 11–17 Uhr. Der **Fernsehturm** auf dem Königstuhl ist von März bis Okt. 10–18 Uhr geöffnet.

Nach der beschaulichen Bootsfahrt auf dem Neckar, die von Heidelberg durch zwei Schleusen führt, steigen wir an der **Anlegestelle Neckarlauer** in **Neckargemünd** aus. Wir gehen die Gasse zwischen der evangelischen

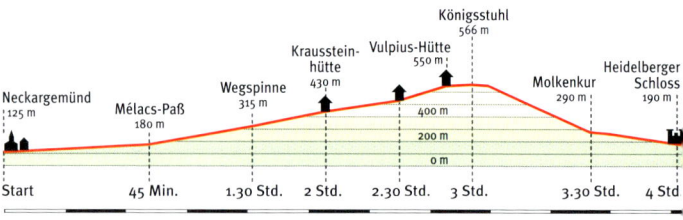

Neckargemünd
125 m

Mélacs-Paß
180 m

Wegspinne
315 m

Krausstein-hütte
430 m

Vulpius-Hütte
550 m

Königstuhl
566 m

Molkenkur
290 m

Heidelberger Schloss
190 m

400 m
200 m
0 m

Start — 45 Min. — 1.30 Std. — 2 Std. — 2.30 Std. — 3 Std. — 3.30 Std. — 4 Std

Pfarrkirche und dem Gasthaus zum Schiff zur Hauptstraße hinauf.

Ehe wir die Wanderung fortsetzen, können wir zunächst einen Abstecher nach links zum Marktplatz machen. Haus Illenberger (Nr. 14) ist mit besonders reichem Renaissance-fachwerk (1588) verziert. Wir folgen der Hauptstraße weiter zum **Alten Rathaus** (Nr. 25). 1770/71 als lutherische Kirche im klassizistischen Stil errichtet, wurde das Gebäude später zum Rathaus umgebaut. Heute ist darin eine stadtgeschichtliche und volkskundliche Sammlung mit Schwerpunkt Neckarschifffahrt untergebracht. Am Ende der Hauptstraße erhebt sich ein frühklassizistisches Stadttor, 1788 zu Ehren des Kurfürsten Karl Theodor errichtet.

Wir gehen die Hauptstraße zurück und schließen uns dem Wegzeichen rotes Kreuz an. Über die **Evianbrücke** gelangen wir zur großen Kreuzung der Bundesstraßen. Wir überqueren die Bahngleise und folgen dahinter der Schützenhausstraße, bis uns das Zeichen schräg links in die Hermann-Walker-Straße weist. Wir folgen dem Zeichen in einem Rechts-Links-Schwenk in den Wald empor und erreichen die Wegkreuzung am **Mélacs-Pass** (45 Min.). Hier trennen wir uns vom roten Kreuz und folgen dem Hauptweg im leichten Rechts-schwenk empor, vorläufig begleitet vom gelben R/roten Punkt/weißen Dreieck. Das gelbe R biegt schließ-

Die Himmelsleiter auf den Königstuhl

lich rechts ab, wir jedoch bleiben auf dem Hauptweg und wandern stetig im schattigen Hochwald empor. Über eine **große Wegspinne** (1.30 Std.) mit mehreren alten Sandstein-Wegweisern gehen wir geradeaus hinweg weiter bergauf. Das weiße Dreieck wird uns bis zum Königstuhl begleiten. Auch an der **Kraussteinhütte** (2 Std.) marschieren wir geradeaus über die Kreuzung hinweg. Das Zeichen führt uns nun längere Zeit geradlinig bergan, bis wir eine namenlose Schutzhütte (2.30 Std.) erreichen. Hier führt der markierte Fußweg rechts neben der Hütte vorbei weiter bergauf.

An der **Vulpius-Hütte** gelangen wir auf eine Straße und folgen ihr nach rechts. Vom Fernsehturm auf dem **Königstuhl** (3 Std.) bietet sich ein weiter Rundblick über den südlichen Odenwald und das sich zur Rheinebene öffnende Neckartal. Am Fuchsbau vorbei gelangen wir zur Bergbahn. Links davon beginnt der recht steile Abstieg nach Heidelberg; der rote Balken ist nun unser Lotse. Wir unterqueren die Trasse der Berg-

smarckplatz/
Heidelberg
115 m

4.30 Std.

13 km

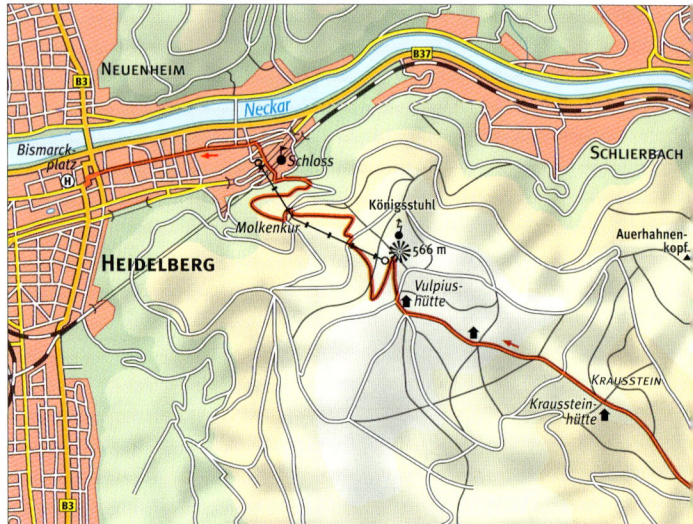

bahn und kreuzen die so genannte Himmelsleiter, einen Treppenweg vom Schloss zum Königstuhl.

An der **Molkenkur** (3.30 Std.), einer im 19. Jh. entstanden Gastwirtschaft, in der Milch und Molken ausgeschenkt wurden, gehen wir unter dem Bahnviadukt hindurch. Wir folgen der Straße bis zur Kreuzung hinauf und biegen hier nach rechts, weiter dem roten Balken folgend. Schon bald wandern wir auf einem alten Fußweg bergab, dessen schönes Steinpflaster stellenweise erhalten ist. Wir passieren die Wälle einer Verteidigungsanlage, die 1621 zum Schutze des Schlosses errichtet wurde. Bis zu ihrer Zerstörung 1537 erhob sich hier die Obere Burg von Heidelberg.

Wir überqueren die Bahnlinie und wandern geradlinig weiter, bis wir eine Straße erreichen, die uns zum **Heidelberger Schloss** hinabführt (4 Std.). Auf einem gepflasterten Fußweg kommen wir direkt zum Eingang hinunter. Vom Schloss gelangen wir durch die Altstadt von **Heidelberg** zum **Bismarckplatz** (4.30 Std.), von wo wir mit der Straßenbahn zum **Hauptbahnhof** zurückkehren können.

Der Fluss der Romantiker

Malerisch windet sich das Neckartal durch den südlichen Odenwald, hinter jeder Flussbiegung wartet bereits die nächste Schleife. Steil steigen die Hänge zu den umliegenden Hochebenen an; an manchen Stellen tritt der Buntsandstein des Gebirges in rötlichen Felswänden zu Tage. Zahlreiche Höhenburgen zeugen von der historischen Bedeutung des Neckartals als Handelsweg. Am Flussufer liegen sehenswerte Dörfer und Städte, die mit ihren schmucken Ortskernen zum Besuch einladen.

Der mäandrierende Flusslauf beschreibt abenteuerliche Schlingen um so genannte Umlaufberge, so um Dilsberg bei Neckarsteinach (Tour

Fluss-Schifffahrt. An einer 100 Kilometer langen Eisenkette, die auf dem Grund des Neckars lag und nur an ihren Enden verankert war, zogen sich Kettenboote mit dampfgetriebenenen Zahnrädern flussaufwärts. Die Schifffahrt auf dem unregulierten, immer unberechenbaren Fluss blieb jedoch ein Wagnis. Erst mit der Kanalisierung wurde ein geregelter Schiffsverkehr möglich. Zwischen Mannheim und Plochingen, einer Strecke von rund 200 Kilometern, wurden in den 1930er Jahren 27 Staustufen erbaut. Mit dieser durchgehend befahrbaren Wasserstraße wurden die großen Industriegebiete an Rhein und Neckar verbunden. Das Museum im Alten Rathaus in Neckargemünd (siehe Tour 18) zeigt alle wichtigen Schiffstypen, die im Laufe der Zeit auf dem Neckar als Verkehrsmittel eingesetzt waren.

Sehr lesenswert ist Mark Twains humorvoller Reisebericht ›Bummel durch Europa‹ von 1878 mit einer ausführlichen Schilderung des Neckartals. Als er eines Tages auf dem Floß den Neckar hinunterfuhr, sinnierte er: »Deutschland im Sommer ist die Vollendung des Schönen, aber niemand, der nicht auf einem Floß den Neckar hinuntergefahren ist, hat die äußersten Möglichkeiten dieser sanften und friedlichen Schönheit wirklich begriffen und ausgekostet. Die Bewegung eines Floßes ist genau die richtige; sie ist ruhig und gleitend und glatt und geräuschlos; sie besänftigt alle fieberhafte Geschäftigkeit, sie schläfert alle nervöse Hast und Ungeduld ein ... Welch ein Gegensatz zur erhitzenden, schwitzenden Fußwanderei, zur staubigen und ohrenbetäubenden Eisenbahnhatz und zum langweiligen Stuckern hinter müden Pferden auf blendenden weißen Landstraßen!«

20) und Ersheim bei Hirschhorn (Tour 21). Vereinzelt wurden diese Umlaufberge im Laufe der Jahrmillionen durch den Fluss ›abgeschnürt‹, indem er sich durch anhaltende Erosion (steter Tropfen höhlt den Stein!) den direkten Weg bahnte. Beispiele ehemaliger Umlaufberge, an denen der Neckar heute vorbeifließt, sind der Hollmut bei Neckargemünd (Tour 18) und der Mittelberg gegenüber Neckargerach (Tour 33).

Über Jahrhunderte bildete das Neckartal den einzigen Handels- und Verkehrsweg durch den südlichen Odenwald. Bereits im Mittelalter wurde die Flößerei betrieben. Der Schiffsverkehr wurde erst möglich, nachdem man so genannte ›Treidelpfade‹ (wortverwandt mit engl. *trail* = Fußweg) anlegte. Mit Pferden, die am Ufer entlangliefen, konnten nun Schiffe flussaufwärts gezogen werden. Von Mannheim bis Heilbronn dauerte das mühsame Treideln eines Schiffes ganze fünf Tage. Im Jahr 1878 begann eine neue Ära der

Tour 19

Blitzspeere in Platznöten

Das Burgenquartett von Neckarsteinach

Malerisch wachen vier Ritterburgen über die große Fluss-Schleife bei Neckarsteinach. Bequeme Forstwege führen uns in das stille Waldgebirge, ehe wir in das alte Schiffer- und Fischerstädtchen zurückkehren. Auf einer Gartenterrasse am Neckarufer lassen wir den Tag beschaulich ausklingen.

DIE WANDERUNG IN KÜRZE

++
Anspruch

Charakter: Zumeist bequeme Forstwege, der lange Anstieg zu Beginn stellt aber Anforderungen an die Kondition

4.30 Std.
Gehzeit

Wanderkarte: Topographische Naturparkkarte 1 : 50 000 Odenwald Südwest

13 km
Länge

Einkehrmöglichkeit: Neckarsteinach

Anfahrt: Mit dem Kfz: Autofahrer kommen über die B37. **Mit der Bahn:** Neckarsteinach liegt an der Bahnstrecke Heidelberg–Neckarelz. Im Sommerhalbjahr verkehren regelmäßig **Ausflugsschiffe** nach Heidelberg und Eberbach (siehe Tour 18).

Vom **Bahnhof Neckarsteinach** folgen wir der Bundesstraße kurz stadteinwärts, ehe wir am Feuerwehrhaus schräg links die Neckarstraße hinabgehen und die Steinach überqueren. Das weiße umgekehrte T dient vorläufig der Orientierung. Vor der **ehemaligen Synagoge** (am gegenüberstehenden Haus befinden sich beachtenswerte Wasserstandsmarkierungen) laufen wir rechts die

Hirschgasse empor. Wir stoßen erneut auf die Bundesstraße und folgen ihr nach links, bis die Schloss-Steige schräg rechts zur **Mittelburg** ansteigt. Die Anlage ist seit 1920 in Privatbesitz; nur der Burghof kann besichtigt werden.

Unser Wanderweg führt weiter zur **Ruine Hinterburg** (30 Min.). Beherrschend erhebt sich der mächtige, um 1100 erbaute Hauptturm über die

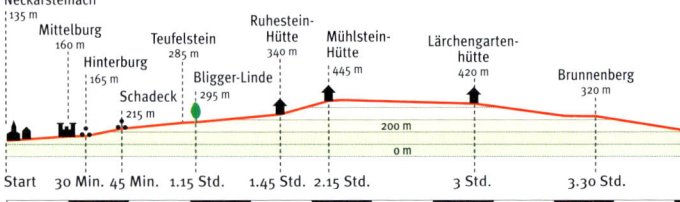

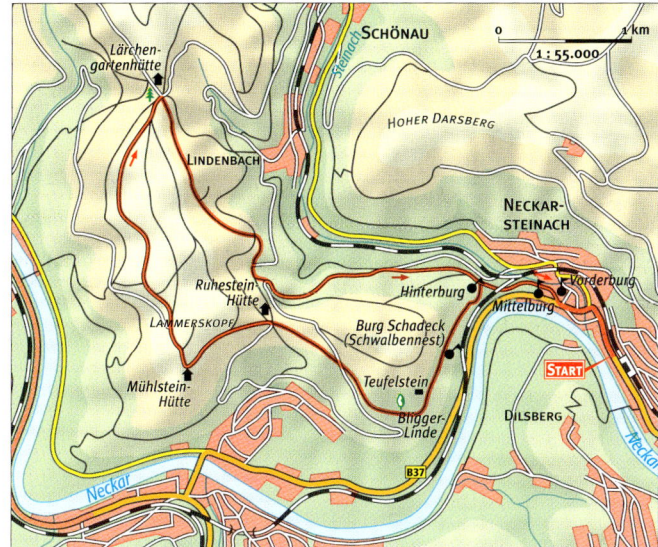

verfallene Feste. Vom Turm bietet sich ein schöner Blick auf die große Neckarschleife um Dilsberg. Hinter der Burg steigen wir an einer Schutzhütte vorbei kurz bergan, ehe uns der markierte Hangweg zur **Burgruine Schadeck** (45 Min.) geleitet. Wie ein Schwalbennest klebt die Burg, die Bligger V. um 1230 erbauen ließ, am steil zum Neckar abfallenden Berghang.

Kurz vor der Schadeck steigen wir den markierten Waldpfad in Kehren zu einem höher gelegenen Hangweg empor. Weiter dem Zeichen folgend, passieren wir den so genannten Teu-

felstein, ehe sich rechts des Weges die mehrstämmige **Bligger-Linde** (1.15 Std.) erhebt. Der Baum wurde 1522 anlässlich der Einführung der Reformation in Neckarsteinach gepflanzt und erinnert an die Ritter von Steinach. Unsere Wanderroute führt über einen Querweg hinweg zur Wegspinne an der **Ruhestein-Hütte** (1.45 Std.).

Hier trennen wir uns von dem Zeichen und wandern den zweiten Weg von rechts (asphaltiert) ohne Markierung hinauf. Am Rande der Anhöhe schweift der Blick über Neckargemünd hinweg in den Kraichgau.

In der Rechtskehre an der **Mühlstein-Hütte** (2.15 Std.) verlassen wir den Fahrweg und steigen auf dem markierten Pfad durch ein Aufforstungsgebiet an. Im Osten ist der Königsluhl an seinen Sendeantennen erkennbar. An einer Verzweigung halten wir uns links. An der **Drei-Wege-Gabelung** am Rande des

ckarsteinach
135 m

interburg
165 m

Std.
4.30 Std.

13 km

85

Fachwerkromantik in Neckarsteinach

Hochwaldes marschieren wir auf dem mittleren Weg weiter. Im kühlen Wald wandern wir geradeaus gemächlich zu einer großen Wegspinne, an der eine mächtige Fichte vor der idyllischen **Lärchengartenhütte** (3 Std.) steht. Hier biegen wir scharf rechts auf den ersten Forstweg ab und wandern stetig bergab. Es geht kurz hintereinander an zwei scharfen Linksabzweigungen vorbei und anschließend über einen Querweg hinweg. Wir erreichen den alten **Sandstein-Wegweiser ›Brunnenberg‹** (3.30 Std.). Hier verlassen wir den Hauptweg, der scharf nach links schwenkt, und gehen geradeaus weiter.

Nach 150 m sehen wir links die Biegung eines Forstweges, gehen hinunter und folgen dem Weg bergab. An der Stelle, wo der zweite Seitenweg scharf links abzweigt, wandern wir rechts auf dem Waldpfad weiter, der mit dem roten Balken markiert ist. Wir laufen geradeaus über eine Wegkreuzung hinweg und folgen der markierten Route zur **Ruine Hinterburg** (4 Std.) zurück.

Von hier kehren wir auf dem nun schon bekannten Weg nach **Neckarsteinach** (4.30 Std.) zurück.

Ein Streifzug durch die verwinkelten Gassen des alten Schiffer- und Fischerstädtchens lohnt. Neben Resten der Stadtmauer, schönen Fachwerkhäusern und der spätgotischen Kirche gibt es so manchen malerischen Winkel zu entdecken. An der langen Uferpromenade am Neckar laden bewirtschaftete Gartenterrassen zur Einkehr.

Blitzspeere in Platznöten

Gleich vier Burgen reihen sich um die große Neckarschleife bei Neckarsteinach. Sie gehen auf die Ritter von Steinach zurück, eine verträgliche Familie emsiger Burgenbauer. Auf einer Bergzunge entstand als älteste und baugeschichtlich bedeutendste Anlage die Hinterburg. Von 1165 bis 1210 wurde die Feste unter Bligger II., einem begnadeten Minnesänger, zum wehrhaften Stammsitz der Ritter von Steinach ausgebaut. Sein Wappen mit der Harfe schmückt noch heute die Vierburgenstadt. Für die reiche adelige Nachkommenschaft wurde die Stammburg bald zu eng. Sie fiel jeweils an den ältesten Spross des Geschlechts, während sich die jüngeren Geschwister genötigt sahen, eigene Burgen zu bauen. Man trennte sich friedlich und blieb dicht beisammen. Etwas nach Osten versetzt wurde um 1170 mit dem Bau der Mittelburg begonnen. Auf dem Bergsporn über Neckarsteinach kam später die Vorderburg hinzu, und am Steilhang über dem Neckar entstand schließlich Burg Schadeck, seit der Zeit der Romantik auch ›Schwalbennest‹ genannt.

Die Feste auf dem Bergkegel

Von Neckarsteinach über Dilsberg in den Kleinen Odenwald

Wie ein Adlerhorst krönt die wehrhafte Feste Dilsberg den gleichnamigen Bergkegel hoch über dem Neckar. Schattige Waldwege führen zu einem ehemaligen römischen Gutshof. Von Neckargemünd wandern wir im sonnigen Neckartal zurück.

DIE WANDERUNG IN KÜRZE

++
Anspruch

5 Std.
Gehzeit

17 km
Länge

Charakter: Überwiegend bequeme Wege durch Wälder und die Neckaraue; steiler Aufstieg auf Pfaden nach Dilsberg; auch wegen der Länge anstrengend

Wanderkarte: Topographische Naturparkkarte 1 : 50 000 Odenwald Südwest

Einkehrmöglichkeiten: In Dilsberg, Neckargemünd und Neckarsteinach

Anfahrt: Mit dem Kfz: Autofahrer kommen über die B37. **Mit der Bahn:** Neckarsteinach liegt an der Bahnstrecke Heidelberg–Neckarelz.

Öffnungszeiten: Berg-feste Dilsberg 1. April bis 14. Okt. 10–17.30 Uhr. Auskunft: 0 62 23 / 61 54

Hinweise: Der Brunnenstollen dient Fledermäusen als Winterquartier und kann erst nach deren Ausfliegen besichtigt werden. Der Schlüssel ist am Kassenhäuschen erhältlich.

Vom **Bahnhof Neckarsteinach** folgen wir der Bundesstraße ein kurzes Stück stadtauswärts, ehe uns das Zeichen rotes Quadrat nach rechts weist. Wir überqueren den Neckar auf dem Schleusensteg und biegen dahinter nach links. Schattiger Buchenwald reicht den Steilhang bis zum Ufer hinab. An der nächsten Gabelung halten wir uns rechts und steigen auf der markierten Route in Kehren nach **Dilsberg** auf, das wir durch ein **Torhaus** betreten (1 Std.).

Ein Treppenweg führt uns links zur Katholischen Kirche empor. Nachdem wir uns im Ort, über dem eine etwas weltverlorene Stimmung zu liegen scheint, ein wenig umgeschaut haben, wenden wir uns der mächtigen **Bergfeste** zu, zu deren illustren Besuchern auch Mark Twain zählte. Vom Turm schweift der Blick über die waldreiche Landschaft am unteren Neckartal. In weiten Mäandern hat sich der Flusslauf in das Sandsteinmassiv des Odenwaldes eingegraben, während sich im Süden das offene, ackerbaulich genutzte Hügelland des Kraichgaus erstreckt.

Wir verlassen Dilsberg durch den Torturm und erblicken sogleich auf der rechten Straßenseite einen schönen barocken Bildstock von

1775. Das rote Quadrat geleitet uns die Zufahrtstraße hinab, ehe es uns schräg links in den Bannholzweg weist. Am Schanzel steigen wir durch das Wohngebiet zum Waldrand an und folgen weiter unserem Zeichen. Hinter dem Sportplatz hält sich unser Weg noch eine Weile am Waldrand, ehe er in den Forst eintaucht. Wir wandern über eine Wegkreuzung hinweg und gehen auch an der nächsten Verzweigung geradeaus weiter.

Hier trennen wir uns von dem bisherigen Zeichen; das weiße Dreieck übernimmt nun die Führung. An der Wegkreuzung neben dem **Lehenwald-Pavillon** (2.15 Std.) biegen wir nach rechts und gelangen durch den so genannten Heidenwald zur Fahrstraße (Parkplatz). Schräg gegenüber finden wir die Fortsetzung unseres Weges, der in seinem geradlinigen Verlauf einer ehemaligen Römerstraße folgt. Nach gut zehn Minuten nehmen wir die erste Rechtsabzweigung. Über die drei folgenden Wegkreuzungen gehen wir geradeaus hinweg. Kurz hinter der dritten Kreuzung verlassen wir das Asphaltsträßchen und biegen nach rechts. An der folgenden Gabelung halten wir uns links.

Rechts des Weges taucht alsbald der steingefasste **Nonnenbrunnen** (3.15 Std.) auf; davor steht der originalgetreue Nachbau eines römischen Holzbrunnens aus der Zeit um 130 n. Chr., dessen Reste an dieser Stelle gefunden wurden. Ein hübsches Rastplätzchen zur Halbzeit der Wanderung! Hinter der Hinweistafel am Wegesrand führt ein nicht markierter Pfad schräg rechts in den Wald und sogleich über einen Querweg hinweg zur 150 m entfernten **Ausgrabungsstätte** des Römischen Gutshofes (2.15 Std.) im Wiesenbacher Herrenwald. Erhalten sind die Fundamente des Hauptgebäudes (17 x 24 m) mit den Resten eines Ziegel- oder Töpferofens sowie die Umfassungsmauern. Solche Gutshöfe *(villae rusticae)* dienten während der Römerzeit der Bewirtschaftung der Ländereien. Die ausgedehnten Wälder wurden damals gerodet, um dringend benötigtes Acker- und Weideland zu gewinnen.

Nachdem wir uns die weitläufigen Grundmauern angesehen haben, kehren wir auf den markierten Wanderweg zurück und folgen ihm bergan. An der nächsten Gabelung halten wir uns schräg rechts. Wir stoßen auf einen Querweg, dem wir nach rechts folgen. Nach gut zehn Minuten wenden wir uns an der Gabelung schräg nach links. Es geht auf gleichbleibender Höhe weiter, bis wir auf einen Querweg stoßen. Wir folgen ihm nach links bergab; nun beginnt ein anhaltender Abstieg. An der großen Wegkreuzung neben einer **Schutzhütte** (4 Std.) gehen wir ungefähr geradeaus auf dem markierten Weg weiter. Wir wandern mit dem weißen Dreieck stetig bergab

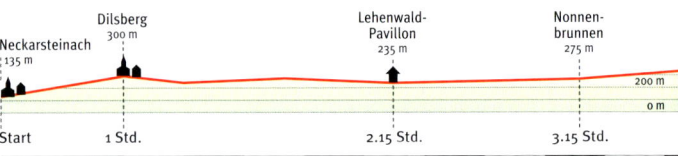

Neckarsteinach
135 m — Start

Dilsberg
300 m — 1 Std.

Lehenwald-Pavillon
235 m — 2.15 Std.

Nonnen-brunnen
275 m — 3.15 Std.

200 m

0 m

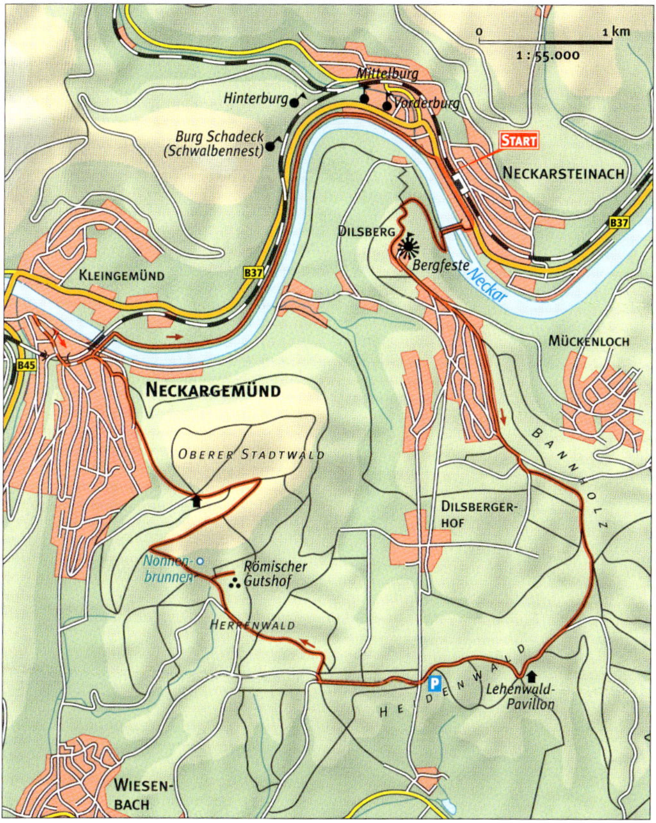

und erreichen den Ortsrand von **Neckargemünd.**

Ein Treppenweg führt uns zur ersten Straße (>Am Kastanienberg<) hinunter, der wir nach rechts durch das Wohngebiet folgen. In der Linksbiegung vor den Bahngleisen steigen wir rechts eine Treppe zur Uferstraße hinab. Falls man sich jedoch das historische Stadtzentrum ansehen möchte, geht man die Straße weiter und wendet sich an ihrem Ende nach rechts, um durch das frühklassizistische Stadttor in die Altstadt zu gelangen.

Auf der **Eisenbahnbrücke** (4.30 Std.) überqueren wir den Neckar. Wir gehen zum Uferweg hinunter und wandern ohne Markierung stromaufwärts in der Neckarauc, die wir mit Bahnlinie und Bundesstraße teilen. Am gegenüberliegenden waldigen Steilhang tritt der anstehende

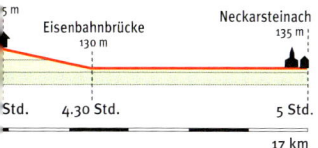

Bergfeste Dilsberg

Buntsandstein felsig zu Tage. Die nächste Zeit bietet sich ein schöner Blick auf den Dilsberg, den wir mit der großen Neckarschleife auf drei Seiten umrunden. Am diesseitigen Hang grüßen nacheinander Burg Schadeck, Hinterburg, Mittelburg und Vorderburg der Ritter von Steinach, während wir gemächlich **Neckarsteinach** (5 Std.) zustreben.

Die Ritterburg auf dem Horn

Von Hirschhorn nach Neckarhausen

Das idyllische Städtchen Hirschhorn am Neckar wird von seiner wehrhaften Burg beherrscht. Von hier schweift der Blick über das Dächergewirr der Altstadt in das tief in den Odenwald eingeschnittene Flusstal. Später wandern wir gemächlich entlang der Flussaue und auf schattigen Waldwegen.

DIE WANDERUNG IN KÜRZE

+
Anspruch

3.45 Std.
Gehzeit

12 km
Länge

Charakter: Bequeme Wege, teils im Wald, teils in der Neckaraue

Wanderkarte: Topographische Naturparkkarte 1 : 50 000 Odenwald Südwest

Einkehrmöglichkeiten: Gasthaus Zum grünen Baum in Neckarhäuserhof, verschiedene Gasthäuser in Neckarhausen und Hirschhorn

Anfahrt: Mit dem Kfz: Autofahrer kommen über die B37 durch das Neckartal. **Mit der Bahn:** Hirschhorn liegt an der Bahnstrecke Heidelberg–Neckarelz.

Am **Bahnhof** von **Hirschhorn** folgen wir der Neckarsteinacher Straße in den Ort hinein. Hinter der zentralen Straßenkreuzung (etwas nach rechts versetzt steht das klassizistische Gebäude der ehemaligen Großherzoglichen Oberförsterei mit dem Langbein-Museum, einer ›Naturalien- und Altertümersammlung‹ des 19. Jh.) beginnt die Fußgängerzone der **Altstadt.**

Das Zeichen rotes R geleitet uns an prächtigen Fachwerkhäusern vorbei durch die Hauptstraße. Unter den Fassadenschnitzereien ist der ›Wilde Mann‹ zur Abwehr böser Kräfte besonders beachtenswert. An mehreren Häusern sind außerdem alte Fischer- und Flößermarken zu sehen. Hinter dem Mitteltor steigen wir an der Karmeliterkirche vorbei zur **Burg** (30 Min.) empor, die sich auf einem Bergsporn (›Horn‹) oberhalb einer besonders ausgeprägten Neckarschleife erhebt. Die Ritter von Hirschhorn konnten es rasch zu Ansehen und Wohlstand bringen. Engelhard I. besaß reiche Besitztümer, die bis ins Elsass reichten, und vermochte schließlich sogar dem Kaiser Geld zu leihen. Weniger rühmlich ging sein Sohn Engelhard II. in die Familienchronik ein: Er fiel 1364 als Raubritter in Reichsacht. Mit seinen Söhnen wandten sich die Geschicke der Familie wieder zum Besseren. König Wenzel genehmigte ihnen 1391, »das Dorf um der Hirtzhorn der Vesten gelegen zu einem Stetlein« zu machen.

Wir kehren in die Altstadt zurück, ohne uns an einem bestimmten Zei-

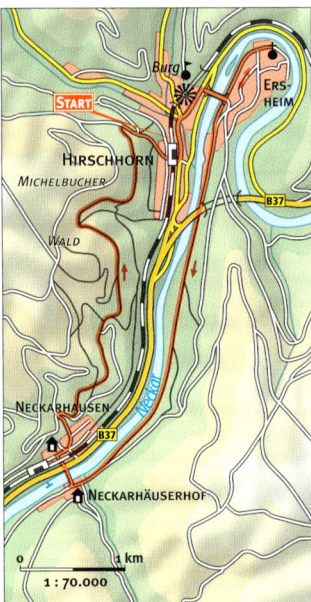

Wir gehen die Ersheimer Straße zurück und an der Brücke vorbei geradeaus auf die Brentanostraße weiter. Über den Neckar hinweg bietet sich ein wunderschöner Blick auf Hirschhorn. Knapp oberhalb des behäbig dahinströmenden Flusses liegt das Hinterstädtel, rechts davon (nördlich der Marktkirche) schließt sich das Vorderstädtel an. Malerisch thront die mauernumwehrte Burg auf dem Bergsporn über dem Ort. Bald lassen wir die letzten Häuser von Ersheim hinter uns und unterqueren die Bundesstraße. Unser Uferweg verläuft geradlinig entlang der Neckaraue. Lastkähne und gelegentlich ein Passagierschiff auf dem Strom, Bahnlinie und Bundesstraße am jenseitigen Ufer – das Neckartal ist eine stark frequentierte Verkehrsader.

Neckarhäuserhof am Wendepunkt der Wanderung besteht lediglich aus einer kleinen Häuseransammlung (2 Std.). Gegenüber dem Gasthaus Zum grünen Baum befindet sich die Anlegestelle der Fähre nach Neckarhausen. Nachdem wir übergesetzt sind, gehen wir am Restaurant Zur Fähre vorbei, dann durch die Unterführung der Bundesstraße und über die Bahngleise hinweg. Dahinter folgen wir der Odenwaldstraße nach rechts zum Friedhof hinauf und laufen schräg links auf der Michelbucher Straße durch ein Wohngebiet zum Waldrand empor.

Wir steigen geradeaus auf dem asphaltierten Forstweg zur ersten

chen zu orientieren, und überqueren an der Staustufe den Neckar. Am Ende der **Brücke** biegen wir links in die Ersheimer Straße und folgen ihr zur **Ersheimer Kirche** (45 Min.). Das bereits 773 in einer Lorscher Urkunde erwähnte Gotteshaus war bis zur Reformationszeit die Pfarrkirche von Hirschhorn. Das gotische Mittelschiff ist mit prächtigen Fresken ausgeschmückt. Eindrucksvolle Grabmäler von Hirschhorner Rittern und Bürgern bezeugen die einstige Blüte der Stadt. Beachtenswert ist auch die spätgotische Ölbergdarstellung neben der Westfassade.

Tour 21

Burg und Stadt Hirschhorn am Neckar

Wegkreuzung an, biegen nach rechts und lassen uns nun vom roten R führen. Im Oktober sind die Taschen rasch mit den Früchten der Esskastanien gefüllt, die an Neckar und Bergstraße zahlreich gedeihen. Auf schattigen Waldwegen wandern wir gemächlich nach **Hirschhorn** zurück. Nur an einer Stelle ist vermehrte Aufmerksamkeit geboten:

Kurz bevor unser Weg unvermittelt endet, müssen wir rechts einen Pfad zur Biegung des weiterführenden Weges hinabgehen, dem wir dann nach links ansteigend folgen.

Unser Weg verläuft schließlich kurz am Waldrand entlang, taucht erneut in den Forst und mündet in einen Weg, dem wir scharf nach rechts folgen. In der nächsten Linkskehre wandern wir geradeaus auf dem markierten Weg weiter. Durch Streuobstwiesen und ein Gehölz geht es den Hang hinab. Im Wohngebiet lotst uns das Zeichen zum nahen **Bahnhof** von Hirschhorn zurück (3.45 Std.).

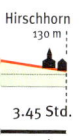

Hirschhorn
130 m

3.45 Std.

12 km

93

Die Odenwälder Weininsel

Von Groß-Umstadt nach Heubach

Eines der kleinsten deutschen Weinbaugebiete ist das Ziel unserer heutigen Wanderung durch Wald und Flur. Die so genannte Odenwälder Weininsel erstreckt sich am sonnenverwöhnten Nordsaum des Gebirges.

DIE WANDERUNG IN KÜRZE

++
Anspruch

5.30 Std.
Gehzeit

18 km
Länge

Charakter: Leichte, aber recht lange Wanderung auf bequemen Wald- und Feldwegen

Wanderkarte: Topographische Naturparkkarte 1 : 50 000 Bergstraße-Odenwald Nordost

Einkehrmöglichkeit: Groß-Umstadt

Anfahrt: Mit dem Kfz: Autofahrer kommen über die B45. **Mit der Bahn:**

Groß-Umstadt liegt an der Bahnstrecke Frankfurt-Eberbach.

Hinweis: Jeweils am Wochenende nach dem 15. Sept. wird in Groß-Umstadt das Odenwälder Winzerfest gefeiert.

Öffnungszeiten: Umstädter Museum Gruberhof, Raibacher Tal, Groß-Umstadt, Tel. 0 60 78 / 43 58, von Ostern bis Ende Okt.

Am **Bahnhof** von **Groß-Umstadt** gehen wir die St.-Peray-Straße stadteinwärts. An der Straßenkreuzung mit der Linde biegen wir rechts in die Mühlstraße, nehmen die erste Linksabzweigung (Am Schwarzen Berg), kommen an der Odenwälder Winzergenossenschaft vorbei und überqueren einen Bachlauf. Die Wegmarkierung blaues Kreuz ist vorläufig unser

Begleiter. Hinter dem Bach gehen wir über eine Querstraße hinweg schräg rechts auf dem Heubacher Weg weiter, lassen Groß-Umstadt hinter uns und gelangen durch eine Hohle auf die freie Anhöhe. Jenseits der Felder zur Linken liegt das Rebland am Hainrichsberg; rechts grüßt der Otzberg aus der Ferne. Am **Waldrand** schwenkt der asphaltierte Feldweg

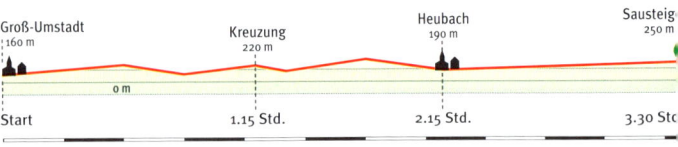

Groß-Umstadt
160 m

Kreuzung
220 m

Heubach
190 m

Sausteig
250 m

0 m

Start

1.15 Std.

2.15 Std.

3.30 Std

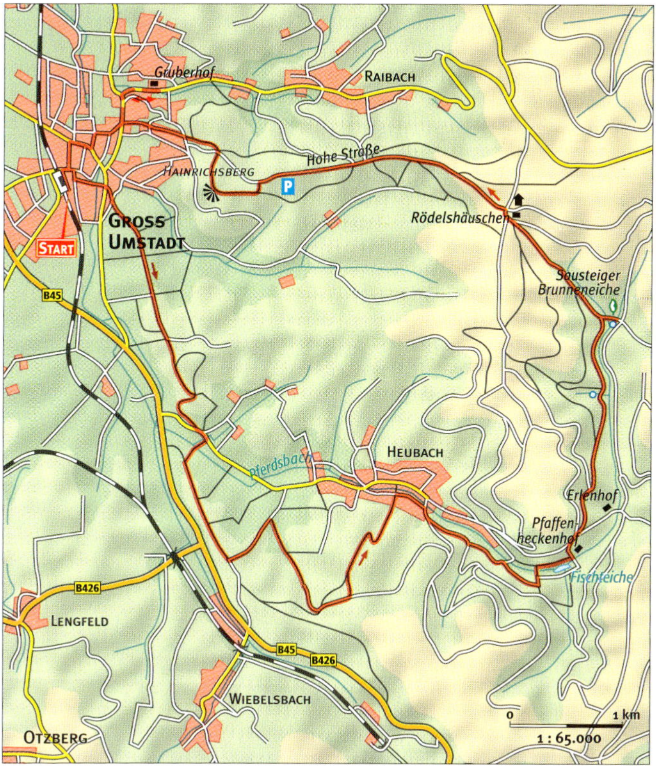

An image of a map showing the region from Groß-Umstadt to Heubach, including Gruberhof, Raibach, Hohe Straße, Hainrichsberg, Rödelshäuschen, Sausteiger Brunneneiche, Heubach, Pferdsbach, Erlenhof, Pfaffenheckenhof, Fischteiche, Lengfeld, Wiebelsbach, and Otzberg. Scale 1:65.000.

nach links, wir jedoch wandern geradeaus in den Forst hinein.

An einer Wegkreuzung halten wir uns rechts und gelangen zum Rande der Waldung hinab, wo wir auf der Fahrstraße nach Heubach herauskommen. Wir folgen ihr etwa 40 m nach links, um auf den ersten Feldweg nach rechts abzubiegen. Durch die Talung geht es zum nahen Waldrand empor und dann links daran entlang. Wildkirschen und Walnussbäume säumen den Weg. Zur Linken fällt der Blick auf das in eine sanfte Talmulde eingebettete Heubach.

Unser Weg zieht geradlinig zu einer **Wegkreuzung** (1.15 Std.), an der wir uns vom blauen Kreuz trennen

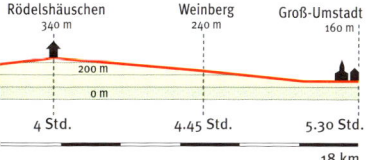

Rödelshäuschen 340 m — Weinberg 240 m — Groß-Umstadt 160 m
200 m
0 m
4 Std. — 4.45 Std. — 5.30 Std.
18 km

Sausteige mit Brunneneiche

und links das Sträßchen hinabwandern. Nach 500 m biegen wir rechts auf einen Feldweg ab und folgen ihm geradeaus durch die Flur. Bald führt der Weg in den Wald und beginnt am Burzelberg stärker anzusteigen. An einer Wegkreuzung öffnet sich der Wald wieder. Hier biegen wir nach links und gehen den Weg am Waldrand hinab. An der Gabelung kurz vor einem Sendemast halten wir uns rechts und folgen dem Weg in einem Rechts-Links-Schlenker nach Heubach hinab.

In **Heubach** (2.15 Std.) biegen vor der Brücke rechts in die Pferdsbachstraße und laufen am Bach entlang. (Geradeaus über die Brücke hinweg und dann die Straße nach links kann man zunächst einen Abstecher in die Dorfmitte machen.) Am Ende der Pferdsbachstraße gehen wir etwa 40 m nach rechts und wenden uns dann links zur Wiesentalhalle. Dahinter wandern wir geradeaus auf dem Talweg weiter; links kommt ein kleines Kneipp-Tretbecken. In der naturnahen Auenvegetation gedeihen Mädesüß, Blutweiderich und verschiedenartige Gräser. An der Weggabelung unmittelbar vor dem Pferdsbach halten wir uns rechts und gehen nun dicht am baumbestandenen Bachlauf entlang. An der nächsten Gabelung schwenken wir auf dem Hauptweg nach links über den Bach hinweg und wandern an Fischteichen vorbei.

Am **letzten Teich** steigen wir steil nach links auf dem Asphaltsträßchen an und wenden uns oben an der Querstraße nach rechts. An der unmittelbar folgenden Gabelung halten wir uns links; unter der Schotterdecke des Weges treten die Reste eines alten Sandsteinpflasters zu Tage. Oberhalb des abgeschiedenen Pferdsbachtals wandern wir am Waldrand entlang. Linksabzweigungen in den Wald hinein lassen wir unbeachtet. Der Wald schiebt sich allmählich in den Talgrund vor. Hinter einem Weiher halten wir uns an der Wegverzweigung rechts. Erneut lichtet sich das Tal, Wiesen breiten sich in der Aue aus. Es geht weiter am Waldrand entlang, bis wir am oberen Ende des stillen Wiesentals (gleich nach einer Schutzhütte) eine Weggabelung erreichen.

Unsere Wanderung führt links weiter, doch zunächst wenden wir uns nach rechts zur **Sausteiger Brunneneiche** (3.30 Std.). Sitzbänke und Tische erwarten die müden Wanderer. Der sandsteingefasste Brunnen liegt im Schatten mächtiger Eichen, kräftig sprudelt das kühle Quellwasser. Die Sausteige erinnert an vergangene Zeiten, als die Umstädter ihre Schweine zur Eichelmast in die Wälder trieben. Auf dem Waldweg, der mit dem roten Dreieck und der gelben Ziffer 8 im Kreis markiert ist, wandern wir zum **Rödelshäuschen** hinauf, einer kleinen Forststation mit Baumschule (4 Std.).

An der Wegkreuzung neben dem Rödelshäuschen (Schutzhütte) biegen wir nach links und trennen uns von den Zeichen. Der Schotterweg führt ziemlich geradlinig in Richtung Groß-Umstadt hinab. Diese so genannte Hohe Straße, ein alter Handels- und Verbindungsweg, tritt nach einiger Zeit aus dem Wald heraus und gewährt einen schönen Blick auf den Nordsaum des Odenwaldes. Dann nimmt uns erneut Wald auf, bis wir den Naturparkplatz am Hainrichsberg erreichen. Hier beginnt das Rebland der Odenwälder Weininsel. Amtlich als Bereich Umstadt zur Hessischen Bergstraße gerechnet, gilt es mit rund 50 Hektar als eines der kleinsten deutschen Weinbaugebiete. Hauptsächlich kultiviert werden die Rebsorten Müller-Thurgau und Riesling.

Wir laufen geradeaus auf der Asphaltstraße am oberen Rand des Weinbergs weiter und halten uns an der nächsten Gabelung links. Dieser asphaltierte Weg schwenkt den **Weinberg** hinab (4.45 Std.). Einem Quersträßchen folgen wir nach

rechts am Hang entlang durch das Rebland. Nach Südwesten bietet sich ein schöner Blick auf das hügelige Vorgebirge des Odenwaldes mit der beherrschenden Veste Otzberg.

An der Straßenkreuzung vor dem Farmerhaus gehen wir links die Straße etwa 20 m hinab, biegen dann schräg rechts auf den grasbewachsenen Feldweg und folgen nun dem gelben Doppelstrich hangabwärts. Bei den ersten Häusern von **Groß-Umstadt** kommen wir ›Am Wasserwerk‹ heraus und steigen auf einem Treppenweg in die tief eingeschnittene Hohle hinab. Dieser eindrucksvolle Hohlweg im Löss ist von hohen, teils senkrechten Seitenwänden flankiert. Wir gelangen auf eine Straße und gehen am Friedhof vorbei zur Richer Straße hinab. Schräg links führt die Untere Marktstraße direkt in die Altstadt. Für einen Museumsbesuch folgt man hingegen der Richer Straße nach rechts bis zur ausgeschilderten Rechtsabzweigung zum Umstädter Museum Gruberhof. Das ehemalige bäuerliche Anwesen, eine so genannte Hofreite, beherbergt heute Ausstellungen zu den Themen Archäologie, Stadtgeschichte und Landwirtschaft.

Am historischen **Marktplatz** von Groß-Umstadt (5.15 Std.) erhebt sich das stattliche Renaissance-Rathaus aus dem Jahre 1605. Über dem prächtigen Portal prunkt das Doppelwappen von Hessen-Darmstadt und der Kurpfalz. Vom Markplatz wenden wir uns links in die Obere Marktstraße. An ihrem Ende folgen wir der Querstraße nach rechts und biegen an der Ampelkreuzung links in die Carlo-Mierendorff-Straße. Vor der Sparkasse geht um die Rechtskurve zum **Bahnhof** zurück (5.30 Std.).

23

Tour

Die ›Weiße Rübe‹ auf dem Vulkan

Von Lengfeld zur Veste Otzberg

Am Nordsaum des Odenwaldes erhebt sich der Otzberg, ein vor langer Zeit erloschener Vulkan. Auf dem Wege dahin kommen wir durch schattige Buchenmischwälder, die auch im Sommer noch angenehm kühl sind.

DIE WANDERUNG IN KÜRZE

++
Anspruch

Charakter: Längere Tour über Feld- und Waldwege, teils schattig

Wanderkarte: Topographische Naturparkkarte 1 : 50 000 Bergstraße-Odenwald Nordwest

4.30 Std.
Gehzeit

Einkehrmöglichkeiten: Burgschenke in der Veste Otzberg, im Sommer Bewirtschaftung im Burghof; weitere Gasthöfe in Otzberg

15 km
Länge

Anfahrt: Mit dem Kfz: Autofahrer kommen über die B45 und beginnen die Wanderung an der Evangelischen Kirche. **Mit der Bahn:** Lengfeld liegt an der Bahnstrecke Darmstadt-Erbach.

Hinweise: Museum zur Volkskunde in Hessen auf der Veste Otzberg, geöffnet Mi und Sa 14–17 Uhr, So 10–17 Uhr, Tel. 0 61 62 / 7 11 14. Das zugehörige **Hessische Spielzeugmuseum** ist im Alten Rathaus in Lengfeld untergebracht; geöffnet jeden ersten So eines Monats 14–17 Uhr.

Am außerhalb der Ortschaft gelegenen **Bahnhof** von **Lengfeld** gehen wir am Gleis entlang in Richtung Darmstadt, stoßen auf eine Straße und folgen ihr nach links in den Ort hinein. Hinter der Evangelischen Pfarrkirche biegen wir links in die Pfarrhausstraße und schließen uns dem blauen Quadrat an. An ihrem Ende geleitet uns das Zeichen durch die Heierngasse weiter. Bald lassen wir die letzten Häuser hinter uns und wandern auf einem asphaltierten Hohlweg. Rechter Hand wird der Blick auf den Otzberg frei, an dessen Hangschulter sich das Dorf Hering

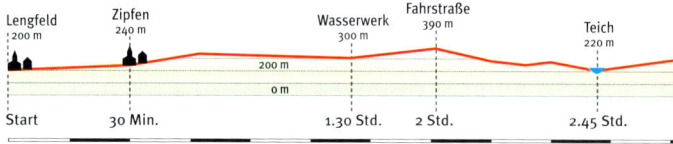

Lengfeld 200 m | Zipfen 240 m | Wasserwerk 300 m | Fahrstraße 390 m | Teich 220 m

200 m

0 m

Start | 30 Min. | 1.30 Std. | 2 Std. | 2.45 Std.

0

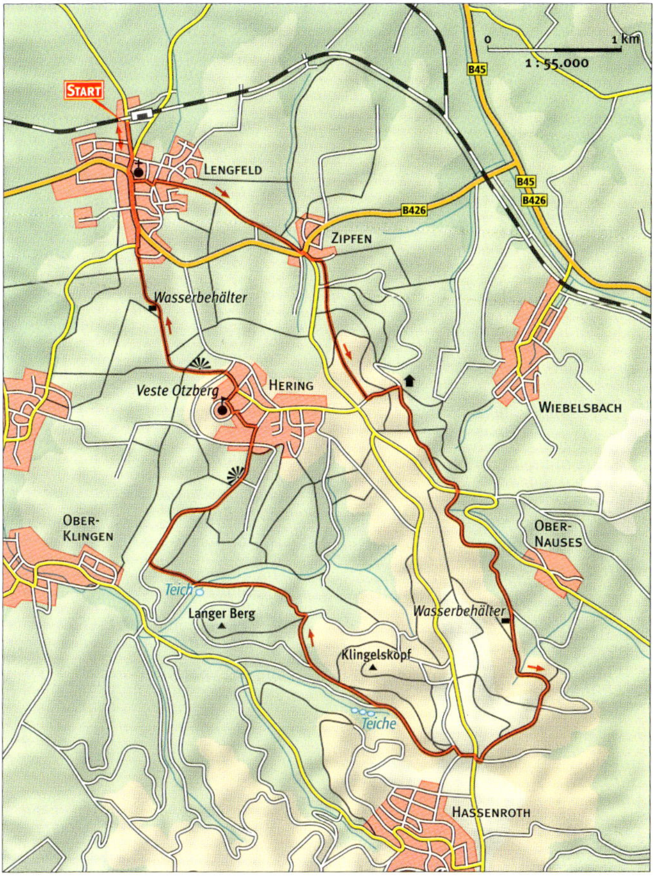

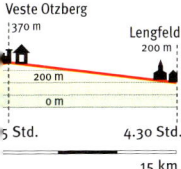

schmiegt. An der Kreuzung in **Zipfen** (30 Min.) folgen wir der Straße geradeaus in Richtung Veste Otzberg. Sogleich weist uns das Zeichen links in die Forsthausstraße, dann rechts in den Theodor-Beckers-Wiesenpfad. Zur Linken erblicken wir die waldigen Anhöhen des Buntsandstein-Odenwaldes. Am Ende des Wiesenpfades geht es in einem Rechts-Links-Knick in den Wald hinein. Auf dem markierten Pfad wandern wir stetig bergan, bis wir nahe der Fahrstraße eine Wegkreuzung erreichen. Wir trennen uns von dem Zeichen, das nach rechts abschwenkt, und folgen dem Weg nach links; der weiße Punkt ist nun unser Begleiter. Gemächlich wandern wir zu einer Wegkreuzung hinab, an der wir rechts weitergehen. Nun halten wir uns auf dem Hauptweg, der ohne große Höhenunterschiede im Buchenwald verläuft.

Wir überqueren eine Fahrstraße, trennen uns von dem weißen Punkt und laufen auf dem linken Weg weiter, der sich weiterhin auf etwa gleich bleibender Höhe durch den Wald schlängelt. An der Gabelung kurz vor einem **Wasserbehälter** (1975) halten wir uns rechts und passieren das Gebäude (1.30 Std.). Auf dem Hauptweg geht es zunächst allmählich bergan und dann ebenerdig weiter. Am Waldrand gelangen wir nach rechts auf eine Fahrstraße (2 Std.), der wir etwa 30 m nach rechts folgen, ehe wir auf der gegenüberliegenden Seite ein Asphaltsträßchen hinabgehen.

An der Verzweigung biegt das Sträßchen nach links, wir jedoch gehen schräg rechts weiter. Kurz darauf halten wir uns an einer Weggabel links und wandern in einem waldigen Tälchen hinab. Rechts des Weges (leicht zu übersehen) kommt ein Tümpel, zu dem ein Pfad hinaufführt – ein kleines Feuchtbiotop für Amphibien. Kurz danach gehen wir an der Weggabelung rechts ansteigend weiter. (Der linke Weg führt zu mehreren Teichen einer Fischzuchtanlage hinab.) An der nächsten Gabelung wandern wir nach rechts weiter an und überschreiten die Anhöhe. Direkt dahinter stoßen wir auf einen Querweg und folgen ihm nach links allmählich bergab. Unten im Tal kommt links ein **Teich** (2.45 Std.). Hier wenden wir uns an der Gabelung auf den rechten Weg.

Wir stoßen auf einen Querweg, dem wir nach rechts ansteigend folgen. Es handelt sich um einen alten Verbindungsweg, wie Reste des ursprünglichen Steinpflasters bezeugen. Schließlich treten wir aus dem Wald heraus. Der befestigte Feldweg führt uns an einem Reitstall vorbei geradeaus nach Hering hinauf. Vor uns erhebt sich der Otzberg, auf den wir uns nun begeben wollen. Linker Hand schweift der Blick über Wiesen und Felder in die Niederung der Reinheimer Bucht, die weit in den nördlichen Odenwald hineinreicht.

Im Wohngebiet biegen wir links in die Straße ›Im Finkenhäuschen‹. An ihrem Ende folgen wir kurz der Straße ›Zum Bergfried‹ nach rechts, bis wir uns scharf links in den Burgweg wenden. Zuvor sollten wir es indes nicht versäumen, an dieser Stelle einen Blick auf die Basaltsäulen des Otzbergs zu werfen, die am Hang felsig zu Tage treten und vom vulkanischen Ursprung des Bergkegels zeugen. Den Burgweg gehen wir ein kurzes Stück hinauf, ehe wir rechts einen Waldpfad zum Burgtor der **Veste Otzberg** (3.45 Std.) emporsteigen. Als ältester Baukörper erhebt sich der mächtige Rundturm aus dem 13. Jh., im Volksmund ›Weiße Rübe‹ genannt.

Wir verlassen die Veste wieder durch das Burgtor und steigen rechts den Treppenweg hinab. An der Pfarrkirche biegen wir scharf links in die Obergasse und gehen dann die erste Straße rechts hinab. Am Alten Rathaus wenden wir uns nach links und erreichen eine Straßenkreuzung neben einem Sandsteinbrunnen (1594). Die Wanderung führt nach rechts bergab, doch kann man zunächst geradeaus weitergehen und sich die ehemalige Burgmannensiedlung ansehen.

An der Straßenkreuzung hinter dem **alten Backhaus** orientieren wir uns am roten Quadrat und gehen links die Zinselsgasse hinab. Am

Ortsrand wandern wir mit Blick auf Lengfeld geradeaus den markierten Feldweg hinab. Vor uns ausgebreitet liegt das fruchtbare, jedoch immer mehr von Zersiedlung bedrohte Dieburger Land.

Der grasbewachsene Weg verläuft entlang eines Gehölzes, schwenkt nach rechts und führt weiter bergab. Rückblickend bietet sich nochmals eine schöne Sicht auf den Otzberg. Wir passieren einen Wasserbehälter

und folgen dem befestigten Feldweg direkt nach **Lengfeld**. Es geht geradeaus durch den Ort, wo so manches schöne Haus die Hauptstraße säumt. Bemerkenswert ist das alte Fachwerk-Rathaus mit der offenen Torhalle aus dem Jahre 1717 am Lencloitre-Platz. An der Straßengabelung hinter der Pfarrkirche halten wir uns rechts. An der folgenden Gabelung vor zwei alten Eichen gehen wir nach links zum **Bahnhof** zurück (4.30 Min.).

Basaltsäulen auf dem Otzberg

Das Rätsel um eine Sitzgruppe

Von Bad König zum Odenwaldlimes

Durch eine waldreiche Landschaft wandern wir zum Limes, wo uns die bescheidenen Überreste einiger römischer Wachttürme und eines Kastells erwarten. Heute stehen hier die schlichten Gebäude eines ehemaligen Jagdschlösschens sowie sechs rätselhafte Steinsessel.

DIE WANDERUNG IN KÜRZE

++ Anspruch	**Charakter:** Leichte, aber ausgedehnte Wanderung auf Feld- und Forstwegen sowie schmalen Waldpfaden; überwiegend schattig
5 Std. Gehzeit	
16 km Länge	**Wanderkarte:** Topographische Naturparkkarte 1 : 50 000 Bergstraße-Odenwald Nordost
	Einkehrmöglichkeit: Bad König

Anfahrt: Mit dem Kfz: Autofahrer kommen über die B45. **Mit der Bahn:** Bad König liegt an der Bahnstrecke Frankfurt-Eberbach.

Öffnungszeiten: Heimatmuseum von Bad König, untergebracht im Seitenflügel des Alten Schlosses, So 10.30–12 Uhr.

Am **Bahnhof** von **Bad König** laufen wir die Bahnhofstraße (vor dem Postamt) nach links in den Ort hinein. Am Sandsteinbrunnen (1877) biegen wir rechts in die Elisabethenstraße, die uns am modernen Kurzentrum vorbei zum **Schlossplatz** führt. Zur Rechten säumen Altes und Neues Schloss den Platz. Durch den romanischen Torbogen des Alten Schlosses können wir in den Schlosshof eintreten, um die evangelische Kirche aus der Nähe zu betrachten. Der trutzige Turm von 1479 ist ursprünglich Teil einer größeren Wehranlage gewesen, während das Kirchenschiff erst später angebaut wurde.

Wir kehren auf den Schlossplatz zurück und begeben uns in die Alexanderstraße. Nach wenigen Schritten sind wir am Haus Kraft, einem

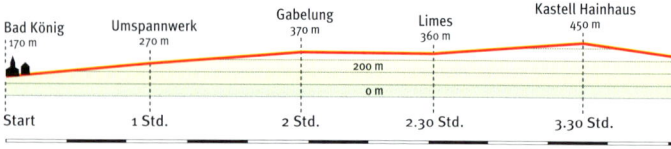

Bad König 170 m · Umspannwerk 270 m · Gabelung 370 m · Limes 360 m · Kastell Hainhaus 450 m · 200 m · 0 m

Start · 1 Std. · 2 Std. · 2.30 Std. · 3.30 Std.

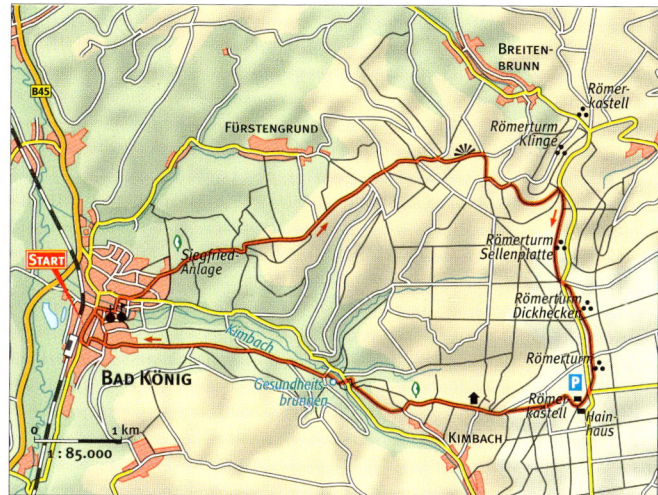

schönen Fachwerkbau von 1680. Wir laufen bis zur Kimbacher Straße weiter, gehen diese rechts bis zur Ampel und biegen schräg links in die Mainstraße. Durch ein Wohngebiet steigen wir an, ehe wir an der Siegfried-Anlage in die offene Flur gelangen. Unser Sträßchen verläuft auf der Anhöhe und erreicht bei einem **Umspannwerk** (1 Std.) den Waldrand.

Etwa 100 m, nachdem sich der Weg im Wald geschottert fortsetzt, erreichen wir eine Kreuzung und biegen nach links. Bald verläuft der Weg gemächlich ansteigend am Waldrand entlang. Die Felder zur Linken fallen zum Straßendorf Fürstengrund ab, das sich in der Niederung versteckt. Unser Weg taucht in den Forst ein, steigt weiter an und führt geradeaus über einige Verzweigungen hinweg. An einer deutlichen **Gabelung** (2 Std.) direkt vor einem Baum mit rotem Schildchen (Jagen ›118 Spanne‹) gehen wir links leicht bergab weiter. Kurz danach erreichen wir eine Wegkreuzung und biegen hier nach rechts. Sogleich treten wir aus dem Wald, folgen dem Feldweg zu einer asphaltierten Kreuzung (im Talgrund liegt Breitenbrunn) und wenden uns hier nach rechts. Im Wald halten wir uns an mehreren Verzweigungen links, stets bergab, bis wir an einer deutlichen Gabelung (Querweg) nach rechts biegen. Dieser Forstweg verläuft nun auf etwa gleich bleibender Höhe.

Wenige Meter, bevor wir auf eine Fahrstraße stoßen, ist die einstige Außengrenze des Römischen Reichs erreicht (2.30 Std.). Wie überall im Odenwald ist der **Limes** selbst nicht im Gelände sichtbar, doch Wachttürme und Kastelle markieren seinen Verlauf. Der sogenannte Odenwaldlimes war kein unüberwindbares

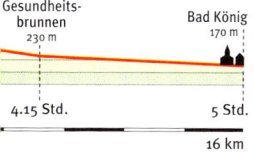

Bollwerk, sondern eine überwachte Grenzschneise zur Verhinderung kleinerer räuberischer Einfälle. Von 80 hölzernen Wachttürmen, die entlang eines Palisadenzaun aus Holzpfosten untereinander in Sichtverbindung standen, hielten Legionäre Ausschau ins freie Germanien. Zahlreiche Kastelle, in denen die römischen Truppen stationiert waren, säumten die 65 km lange Strecke. Kurz nachdem die Holztürme in den Jahren 140-150 n.Chr. durch steinerne Wachttürme ersetzt worden waren, verlegten die Römer den Limes 30 km nach Osten vor.

Unmittelbar vor der Fahrstraße biegen wir rechts auf den markierten Limeswanderweg, der etwas versteckt zwischen Gebüsch in den Wald eintaucht. Die Symbole Wachtturm und weißes L werden uns die nächste Zeit auf zumeist unscheinbaren Wegen durch den Wald lotsen. Anfänglich ist der Wegverlauf nur anhand der Zeichen auf den Baumstämmen erkennbar.

Wir gelangen schließlich nahe der Fahrstraße auf einen Forstweg, dem wir nach rechts folgen. Sogleich kommen wir am **römischen Wachtturm Klinge** vorbei. Links des Weges befanden sich einst zwei Holztürme, deren Standort (mit Wassergraben) noch gut im Gelände erkennbar ist. Von einem Steinturm am rechten Wegesrand, der etwas später errichtet wurde, sind keine Überreste mehr sichtbar. Wir laufen wenige Minuten auf dem bequemen Forstweg weiter, ehe uns die Zeichen nach links bergauf weisen.

An der nächsten, großen Wegverzweigung setzt sich der Limeswanderweg unweit der Fahrstraße ansteigend fort. Nach wenigen Minuten weisen uns die Zeichen links auf einen Pfad, der im lichten Wald

zwischen Heidelbeersträuchern verläuft. Bald gehen wir geradeaus über einen Querweg hinweg. Schließlich erreichen wir den römischen **Wachtturm Sellenplatte** mit seinem restaurierten Turmsockel. Auf dem Limeswanderweg geht es am Rande eines 1993 geräumten amerikanischen Munitionsdepots weiter. Die Zeiten sind auch über diese Grenze hinweggegangen. An der Zufahrt überqueren wir die Fahrstraße und folgen schräg rechts dem markierten Pfad. Ein flacher Hügel mit Ringgraben zeugt vom römischen **Holzturm Dickhecken.**

Der Limeswanderweg passiert einen weiteren Wachtposten, überquert die Fahrstraße und führt zum **Kastell Hainhaus** (3.30 Std.). Bis auf den Erdwall, der den Verlauf der einstigen Kastellumwehrung nachzeichnet, sind keine Spuren aus der Römerzeit sichtbar. Zunächst durchschreiten wir den Ostwall mit einer malerischen Sitzgruppe aus sechs Steinsesseln.

Auf dem Kastellgelände ließ Fürst Konstantin zu Löwenstein-Wertheim um 1795 ein Jagdschlösschen mit Forsthaus, Gesindehaus und Kapelle erbauen. Der Erdhügel westlich der Kapelle stammt von einem damals angelegten Eiskeller. 1809 ließ die fürstliche Familie die Steinsessel aufstellen, die wohl ursprünglich dem Zentgericht im benachbarten Vielbrunn gehörten. Ihre Verzierung mit links- und rechtsläufigen Schnecken gibt bis heute Rätsel auf.

Von der Sitzgruppe folgen wir dem Weg nach links um die Wiese, vorbei an **Kapelle,** Waldaltar und Erdhügel. Wir verlassen das Gelände in der Nordwestecke bei einer mächtigen abgestorbenen Buche und orientieren uns ab jetzt an dem weißen

Die rätselhaften Steinsessel am Kastell Hainhaus

Balken. Dieses Zeichen wird uns nach Bad König zurückführen. Auf grasigen Waldpfaden wandern wir bergab, schneiden mehrere Forstwege und kommen schließlich am Waldrand heraus.

Wir gehen das Sträßchen hinunter, passieren das Amphibienschutzgebiet **Käsebrünnchen,** gelangen an der Seniorenhütte in die offene Flur und genießen einen weiten Rundblick. Das unruhige Relief des Kristallinen Odenwalds im Westen steht in deutlichem Gegensatz zu den umliegenden, gleichförmigen Buntsandstein-Hochflächen.

Am Waldrand beschreibt unser Sträßchen eine Linkskurve, ehe wir kurz danach schräg rechts auf den markierten Waldweg abbiegen. Bald weist uns das Zeichen links auf einen Pfad, der rasch zur Fahrstraße hinabführt. Wir folgen jedoch nicht der Straße, sondern gehen kurz rechts auf einem Waldweg weiter, ehe der markierte Pfad links abzweigt. Bald gelangen wir erneut auf die Fahrstraße, überqueren sie und passieren den munter plätschernden **Gesundheitsbrunnen** (4.15 Std.).

Kurz danach stoßen wir auf einen Querweg, biegen nach links und überqueren den Kimbach. An der nächsten Gabelung halten wir uns rechts und folgen nun unserem Wegzeichen geradewegs nach Bad König zurück. Sobald sich der Wald lichtet, öffnet sich eine schöne Sicht in das Kimbachtal.

Durch ein Wohngebiet laufen wir geradeaus zu einer Straßenkreuzung mit Linde hinab. Geradeaus gelangt man ins Ortszentrum von **Bad König** hinunter. Falls man direkt zum Bahnhof kommen möchte, geht man stattdessen schräg links die Phil.-Schmunck-Straße hinab. Der Jahnstraße folgt man nach links zur nächsten Querstraße, die rechts zum **Bahnhof** (5 Std.) führt.

…enschloss an der Mümling

Rund um …ichelstadt

Die berühmte karolingische Einhardsbasilika bei Michelstadt und eine romantische Schlossanlage stehen heute auf dem Programm. Wir beschließen unsere Wanderung mit einem Streifzug durch die malerische Altstadt von Michelstadt.

DIE WANDERUNG IN KÜRZE

+
Anspruch

3.30 Std.
Gehzeit

11 km
Länge

Charakter: Leichte Wanderung auf bequemen Wald- und Feldwegen

Wanderkarte: Topographische Naturparkkarte 1 : 50 000 Bergstraße-Odenwald Nordost

Einkehrmöglichkeit: Michelstadt

Anfahrt: Mit dem Kfz: Autofahrer kommen über die B45 oder B47. **Mit der Bahn:** Michelstadt liegt an der Bahnstrecke Frankfurt-Eberbach.

Öffnungszeiten: Schlosshof Fürstenau 9–16 Uhr. **Einhardsbasilika,** Tel. 0 60 61 / 24 47, von März bis Okt. 10–12 und 13–17 Uhr; von Nov. bis Feb. 11–15 Uhr; letzte Führung jeweils eine Stunde vor Schließung; Mo geschlossen. **Odenwaldmuseum Michelstadt** im Speicherbau der Kellerei, Tel. 0 60 61 / 7 41 39, zweiter Sa vor Ostern bis 1. Nov. täglich 10–12.30 und 14–17 Uhr außer Mo

Am **Bahnhof** von **Michelstadt** folgen wir der Bundesstraße über die Gleise bis zur Mümling-Brücke. Davor biegen wir rechts auf einen Fußweg, der am Fluss entlangführt. An seinem Ende gelangen wir vor einem schmucken Barockbau (1756) links über eine alte Sandsteinbrücke zum **Schloss Fürstenau.** Nur der Schlosshof ist der Öffentlichkeit zugänglich. Der reizvolle Gebäudekomplex schart sich um das viertürmige Alte Schloss mit seinem romantischen Torbogen.

Wir verlassen das Schloss wieder durch das Eingangsportal und fol-

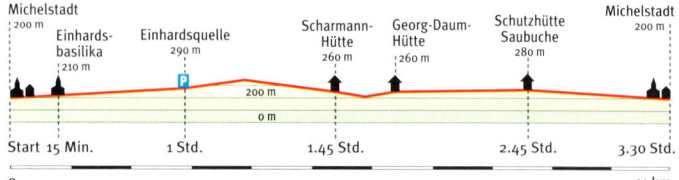

Michelstadt 200 m · Einhards-basilika 210 m · Einhardsquelle 290 m · Scharmann-Hütte 260 m · Georg-Daum-Hütte 260 m · Schutzhütte Saubuche 280 m · Michelstadt 200 m

200 m
0 m

Start · 15 Min. · 1 Std. · 1.45 Std. · 2.45 Std. · 3.30 Std.

0 · 11 km

gen der Schlossstraße nach rechts zur Kreuzung mit der Einhardstraße, wo der Zugang zur **Einhardsbasilika** (15 Min.) liegt. Nach der Besichtigung folgen wir der Einhardstraße nach links am Parkplatz vorbei und biegen links auf die Höhenstraße ab. Linker Hand erblicken wir hinter Gärten die Nordseite der Einhardsbasilika.

Nach kurzem steilen Anstieg verflacht die Straße. Hinter Haus Nr. 30 biegen wir rechts auf den asphaltierten Feldweg ab. Über die offene Flur hinweg geht es auf dem Hauptweg geradeaus bergan. Rückblickend bietet sich bald eine freie Sicht auf Michelstadt und Erbach, deren Häuser das Mümlingtal ausfüllen. Am Ende der Asphaltierung halten wir uns an der Weggabelung links, wandern zum nahen Wald und stoßen hier auf einen Forstweg, dem wir nach links folgen.

Wir gehen rechts am **Parkplatz Einhardsquelle** (1 Std.) vorbei und halten uns an der sogleich folgenden Weggabelung erneut rechts. Auf dem Hauptweg wandern wir eine Viertelstunde bergan, bis er zum zweiten Mal deutlich nach rechts schwenkt und verflacht. Hier laufen wir geradeaus auf dem etwas schmaleren Weg weiter. Die erste Linksabzweigung führt uns bald aus dem Wald heraus. Unten im Tal erblicken wir eine Satelliten-Empfangsstelle der ESA (European Space Agency).

Unser Feldweg verläuft zunächst auf der Anhöhe und führt dann asphaltiert bergab. An der **Scharmann-Hütte** (1.45 Std.) biegt das Asphaltsträßchen nach links, wir jedoch wandern geradeaus auf dem Schotterweg weiter in den nahen Wald hinab. An der Gabelung bei einem Schuppen gehen wir rechts anstei-

gend weiter. Das rote Dreieck begleitet uns vorläufig als Markierung. Bald setzt sich der Weg asphaltiert fort und steigt steil an, ehe er grasbewachsen zur **Georg-Daum-Hütte** führt. Danach wandern wir auf dem markierten Waldpfad (etwas zugewachsen) weiter. Wir stoßen schließlich auf einen Forstweg und wenden uns nach links. Sogleich gehen wir an einer breiten Linksabzweigung vorbei und wandern geradeaus bergan. Der Weg verflacht sich nach kurzem Anstieg und verläuft geradlinig durch den Wald. An der **Schutzhütte Saubuche** (2.45 Std.) erreichen wir den Waldrand und biegen links auf den ersten Feldweg ab.

Bald ist wieder der Hinweg erreicht, über den wir zum **Bahnhof** von **Michelstadt** (3.30 Std.) zurückkehren. Nun folgen wir der Bahnhof-

Die Einhardsbasilika in Steinbach

straße in den Ort, um einen gemütlichen Altstadtbummel zu unternehmen. Am historischen Marktplatz mit dem Marktbrunnen, der 1575 im Stil der Renaissance entstand, befindet sich das berühmte Fachwerk-Rathaus von 1484. In der offenen Rathaushalle tagte einst das Zentgericht; im Obergeschoss befindet sich die große Ratsstube. Hinter dem Rathaus erhebt sich die spätgotische Stadtkirche mit sehenswerten Grabdenkmälern. Die ehemalige Zentscheune der Michelstädter Burg (Kellerei) beherbergt das sehenswerte Odenwaldmuseum.

Einhard, die Mark Michelstadt und das Märchenschloss an der Mümling

Ein halbes Jahrtausend war seit dem Rückzug der Römer vergangen. Längst hatte Urwald große Teile des Berglandes zurückerobert, als die ersten fränkischen Siedlungen und Klöster im Odenwald entstanden. Einhard, der enge Vertraute und Bio-

graph Karls des Großen, erhielt 815 durch dessen Sohn Ludwig dem Frommen die Mark Michelstadt zum Geschenk. Westlich der Mümling, nahe dem heutigen Steinbach, gründete Einhard 821 ein kleines Kloster. Es bildete einen entlegenen Vorposten inmitten finsterer Wälder und sollte sein Ruhesitz werden. Nach nur sechs Jahren Bauzeit war die Basilika vollendet, doch schon im Jahr darauf zog Einhard aus unbekannten Gründen nach Seligenstadt. Die Mark Michelstadt schenkte er der Reichsabtei Lorsch.

Bis auf die ehemalige Klosterkirche, die sogenannte Einhardsbasilika, sind längst alle Spuren des 1535 aufgelösten Klosters verschwunden. Die Basilika, von der das Mittelschiff mit Apsis, der nördliche Nebenchor und die kreuzförmige Krypta erhalten sind, gilt als eines der bedeutendsten Beispiele karolingischer Baukunst. Das unverputzte Mauerwerk aus Bruchsteinen, Buntsandstein und Ziegeln besticht durch archaisch anmutende Schlichtheit.

Ganz in der Nähe erhebt sich Schloss Fürstenau, Sitz der Grafen von Erbach-Fürstenau. Das romantische Ensemble geht auf eine mittelalterliche Wasserburg an der Mümling zurück, die der Mainzer Erzbischof um 1300 zur Sicherung seiner Besitztümer im Odenwald errichten ließ. 1355 verkaufte Kurmainz die Burg an die Schenken von Erbach, die sogleich mit dem Umbau zum spätgotischen Wohnschloss begannen. Während der Renaissance wurde das Anwesen zur schmucken Residenz erweitern. Graf Georg II., auch der ›Baulustige‹ genannt, ließ den Eingang zum Innenhof von einem knapp 15 m langen, mit einer Balustrade abgeschlossenen Mauerbogen überspannen, der dem Schloss ein äußerst malerisches Gepräge verleiht.

Schloss Fürstenau in Steinbach

Heuneschüssel und Rotes Bild

Von Vielbrunn durch das Ohrenbachtal

Durch die tiefen Wälder des Hinteren Odenwaldes führt uns diese Wanderung zum Roten Bild, einem rätselhaften Bildstock an einer alten Wegkreuzung. Unterwegs entdecken wir die Spuren eines römischen Kastells.

DIE WANDERUNG IN KÜRZE

++
Anspruch

Charakter: ausgedehnte Tour über zumeist bequeme Waldwege; kurze steile Auf- und Abstiege

4.30 Std.
Gehzeit

Wanderkarte: Topographische Naturparkkarte 1 : 50 000 Bergstraße-Odenwald Nordost

13 km
Länge

Einkehrmöglichkeiten: Gasthof Geiersmühle, Gasthof Ohrenbachtal, Vielbrunn

Anfahrt: Mit dem Kfz: Autofahrer kommen über die B47 von Michelstadt/Erbach und biegen am Englischen Garten Eulbach nach Norden. Ausgangspunkt ist das Schwimmbad in der Limesstraße. **Mit dem Bus:** Vielbrunn ist mit dem Bus von Michelstadt erreichbar.

In **Vielbrunn** begeben wir uns zunächst in die Limesstraße, wo uns das gelbe Quadrat erwartet. Dieses Zeichen wird uns bis zur Lauseiche begleiten. Neben dem Schwimmbad folgen wir dem markierten Fußweg hinab und durch ein Wiesentälchen in den nahen Wald. Ein Forstweg führt uns nun längere Zeit schnurgerade bergab. Wir folgen ihm schließlich um eine Links-Rechts-Kehre und gehen danach an der Gabelung links

durch das Tal. Am gegenüberliegenden Hang gelangen wir auf eine Fahrstraße, der wir nach rechts bergab folgen.

Im Geierstal passieren wir die **Geiersmühle** mit ihrem großen Mühlrad (45 Min.) und überqueren den Bach. Kurz danach biegen wir links auf den markierten Weg ab und wandern am Hang entlang, ehe uns das Zeichen auf den dritten Weg weist, der bergauf führt. Bald stei-

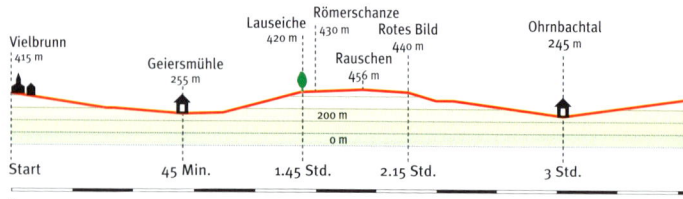

Vielbrunn
415 m

Geiersmühle
255 m

Lauseiche
420 m

Römerschanze
430 m

Rotes Bild
440 m

Rauschen
456 m

Ohrnbachtal
245 m

200 m

0 m

Start · 45 Min. · 1.45 Std. · 2.15 Std. · 3 Std.

o

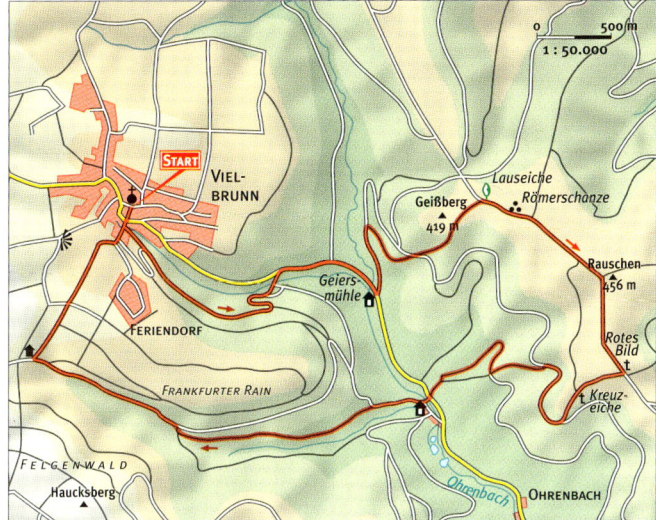

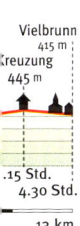

gen wir links einen unscheinbaren Weg ziemlich steil empor. Wir gelangen auf einen Forstweg und folgen ihm nach rechts. Nach kurzer Zeit biegen wir scharf links auf einen Seitenweg ab. Das gelbe Quadrat lotst uns über einen Querweg hinweg im Wald empor.

An der **Lauseiche** (1.45 Std.) erreichen wir eine Wegkreuzung mit Schutzhütte. Hier trennen wir uns von dem bisherigen Zeichen und biegen rechts auf den Forstweg, der mit dem gelben T markiert ist. Nach 200 m taucht links des Weges die so genannte **Heuneschüssel** (auch Römerschanze genannt) auf. Deutlich ist ein hoher rechteckiger Erd-

wall auf dem Waldboden erkennbar, der den Grundriss eines römischen Kastells oder Gutshofes (vgl. Tour 20) nachzeichnet. Vermutlich wurde die Anlage von den Römern errichtet, nachdem der Odenwaldlimes bis an den Main vorverlegt worden war, doch ist sie bis heute unerforscht und harrt noch der Ausgrabung.

Der Forstweg steigt fast unmerklich an und führt über die Anhöhe Rauschen, ehe es allmählich bergab geht. Unmittelbar vor der tiefsten Stelle, noch bevor der Forstweg wieder anzusteigen beginnt, zweigt rechts ein Seitenweg ab. Links steht in etwa 20 m Entfernung das **Rote Bild** (2.15 Std.), ein rot angemalter hölzerner Bildstock mit dem holzgeschnitzten Kopf einer Frau, am Rande einer Kreuzung alter Wege.

Wir gehen nun den rechts abzweigenden, nicht markierten Seitenweg hinab (Wegweiser nach Ohrenbach/Vielbrunn) und erreichen rasch die Wegkreuzung an der **Kreuzeiche**. Hier steht ein Sandsteinsockel von

Rätselhaft: das Rote Bild

1901 mit Kreuz. Wir wandern geradeaus (links an der Kreuzeiche vorbei) den Hauptweg hinab. Der Weg schwenkt bald nach rechts, und von links mündet ein Weg ein. Wir gehen am Hang entlang, bis wir den Forstweg in der ersten Linksbiegung verlassen und schräg links einen unscheinbaren Weg hinabgehen. (An dieser Stelle steigt scharf rechts ein Nebenweg an.)

Ziemlich steil geht es diesen Weg hinab, auf dem verstreut abgebrochene Äste und Totholz liegen. Wir stoßen schließlich auf einen Forstweg, dem wir nach rechts folgen. Bald schwenkt dieser Weg nach links und führt bergab. Unten im **Ohrenbachtal** (3 Std.) angelangt, überqueren wir die Fahrstraße und den Bachlauf. Vor dem Gasthaus wenden wir uns nach rechts, überqueren so-

gleich einen Seitenbach und folgen dem Feldweg an einem Gehöft vorbei bergan. Vorläufig begleitet uns die gelbe Ziffer 2 im Kreis.

Wir gelangen in den Wald, passieren eine rot-weiße Eisenschranke und halten uns dahinter an der Gabelung links. Geradlinig steigt der Weg allmählich an. An einer Gabelung halten wir uns rechts und trennen uns zugleich von der Ziffer 2. Bald wandern wir an einer scharfen Rechtsabzweigung vorbei. Es geht stetig auf dem Hauptweg bergan, bis wir an der Wegkreuzung vor einem **hölzernen Unterstand** (4.15 Std.) nach rechts biegen und dem asphaltierten Feldweg folgen. Bald taucht vor uns in der Niederung Vielbrunn auf. Am Berghof vorbei folgen wir dem Sträßchen geradeaus nach **Vielbrunn** (4.30 Std.) zurück.

Elfenbein im Odenwald

Von Erbach auf die Mossauer Höhe

Von Erbach, dessen Stadtbild vom gräflichen Schloss am Marktplatz beherrscht wird, wandern wir zu den waldreichen Anhöhen über dem Mümlingtal. In einem kleinen Wildgehege lassen sich Rehe und Hirsche aus nächster Nähe beobachten.

DIE WANDERUNG IN KÜRZE

Anspruch +

3 Std.
Gehzeit

10 km
Länge

Charakter: Überwiegend schattige Waldwege

Wanderkarte: Topographische Naturparkkarte 1 : 50 000 Bergstraße-Odenwald Nordost

Einkehrmöglichkeit: Erbach

Anfahrt: Mit dem Kfz: Autofahrer kommen über die B45 oder B47. **Mit der Bahn:** Erbach liegt an der Bahnstrecke Frankfurt-Eberbach.

Öffnungszeiten: Gräfliche Sammlungen im Schloss Erbach mit Afrikanischem Jagdmuseum, Tel. 0 60 62/ 94 33-0; 1. März bis 31. Okt. täglich Führungen um 10, 11, 14, 15 und 16 Uhr. Nov. bis Feb. nur nach Vereinbarung. **Deutsches Elfenbeinmuseum,** Otto-Glenz-Straße 1, Tel. 0 60 62 / 64 64, geöffnet täglich 10–17 Uhr; Nov. bis Feb. Mo geschlossen.

Vom **Bahnhof Erbach** laufen wir nach rechts zum Bahnübergang, überqueren die Gleise und folgen der Alfred-Kehrer-Straße geradeaus, ehe wir an einer Bushaltestelle schräg rechts in den Brudergrundweg biegen (weiße Raute). Links unten im Tal rauscht der Rossbach. Nachdem wir eine Asphaltstraße überquert haben, geht es auf einem Fußweg weiter. Sogleich können wir links auf einen Pfad wechseln, der am Bachlauf entlangführt. Im schattigen Talgrund erreichen wir die **Not Gottes** (30 Min.). An dieser Stelle stand einst das älteste Gotteshaus Erbachs, doch sind von der Kapelle nurmehr Grundmauern erhalten.

Dahinter kommen wir an Teichen vorbei und erreichen den **Wildpark Brudergrund.** Ein schattiger Waldweg verläuft rechts am Wildgehege entlang, das sich im Tal erstreckt. Aus nächster Nähe können wir das scheue Dam- und Rotwild beobachten.

Es geht stets geradeaus auf der rechten Talseite entlang, über die Hirschbrücke hinweg und an einer Holzbrücke vorbei, die links durch das Tal führt. Schließlich stoßen wir auf einen Querweg, dem wir links nach **Rossbach** (1 Std.) folgen. Die Gehöfte liegen verstreut an den Hängen; am rechten Waldrand steht ein altes Forsthaus, das im typisch Odenwälder Stil mit Holzschindeln

Hof in Rossbach

verkleidet ist. Wir befinden uns auf der so genannten Sommerseite des friedlichen Weilers, nämlich der nach Süden gerichteten Hangpartie, während die gegenüberliegenden Höfe zur Winterseite gehören. Eine als Naturdenkmal ausgewiesene Gruppe mächtiger, uralter Eichen säumt den Weg. An der Kreuzung in der Niederung folgen wir der Fahrstraße nach rechts zum Gestüt Rossbacher Hof empor. Wir laufen geradeaus durch die Häuseransammlung und wandern dahinter auf dem asphaltierten Feldweg weiter. An der Gabelung in der offenen Flur halten wir uns rechts.

Auf der **Mossauer Höhe**, die wir auf diesem Weg kurz danach erreichen (1.30 Std.), bietet sich über

Wiesen und Felder hinweg ein schöner Rundblick auf die waldigen Anhöhen des Buntsandstein-Odenwaldes. Hier an der Wegkreuzung biegen wir rechts auf die Hohe Straße, einen alten Haupthöhenweg zwischen Main und Neckar. Zugleich trennen wir uns von dem Zeichen weiße Raute; das gelbe Dreieck markiert nun den Weg. Es geht sogleich am Waldrand entlang und dann in den Forst hinein; links stehen hier **zwei alte Grenzsteine.**

Ziemlich geradlinig verläuft unser Weg an sämtlichen Abzweigungen vorbei durch abwechslungsreichen Mischwald mit ausgedehnten Heidelbeerbeständen. Eine halbe Stunde nach der Mossauer Höhe geht es geradeaus über eine deutliche Wegkreuzung hinweg. 300 m danach verlassen wir den Hauptweg, um rechts auf einen unscheinbaren Waldweg abzubiegen. Das rote Dreieck ist nun unser Lotse; es wird uns auf dem gesamten Rückweg begleiten. Bald kreuzen wir einen Querweg und wandern geradeaus weiter bergab. Am nächsten Querweg biegen wir nach rechts und wandern geradeaus zu einem kleinen **Bachlauf** hinunter (2.15 Std.). Dahinter gehen wir 75 m zu einer Wegkreuzung hinauf und biegen nach links. Der markierte Weg verläuft geradlinig durch hohen Buchenwald zur **Sophienhöhe** (2.30 Std.), einem alten Aussichtstempel am Waldrand. Der Blick fällt über das weite, im Mümmlingtal aus-

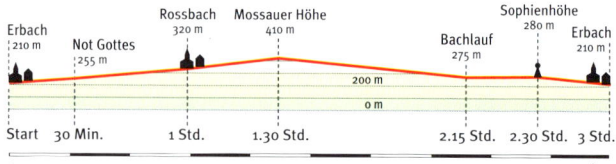

Erbach 210 m	Not Gottes 255 m	Rossbach 320 m	Mossauer Höhe 410 m		Bachlauf 275 m	Sophienhöhe 280 m	Erbach 210 m
Start	30 Min.	1 Std.	1.30 Std.		2.15 Std.	2.30 Std.	3 Std.

200 m

0 m

0   10 km

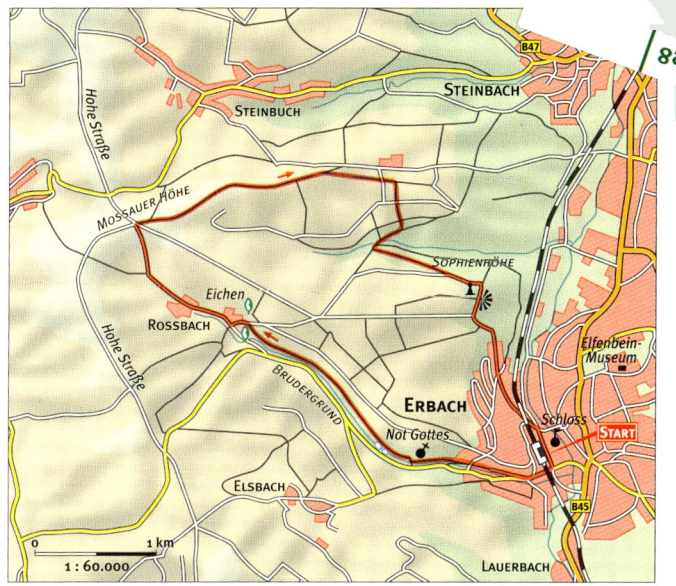

gebreitete Häusermeer von Erbach und Michelstadt. Am Ortsrand von **Erbach** stoßen wir auf die Sophienstraße und folgen ihr nach links durch ein Wohngebiet bergab. Hinter der Bahnunterführung geht es an der Straßenkreuzung geradeaus in die Altstadt mit ihren wunderschönen Fachwerkhäusern, die sich um das Schloss scharen; nach rechts gelangt man direkt zum **Bahnhof** zurück (3 Std.).

Elfenbein im Odenwald

Im breiten Mümlingtal, umgeben von waldigen Anhöhen, liegt die ehemalige Residenzstadt Erbach. Von einer teilweise erhaltenen Stadtmauer umschlossen, stehen alte Fachwerkhäuser um das gräfliche Schloss. Am Marktplatz erhebt sich der repräsentative Barockflügel aus dem Jahre 1736. Das Schloss ist Stammsitz der Grafen zu Erbach, die seit dem Hochmittelalter im Odenwald an Macht und Einfluss gewannen. Bedeutendster und zugleich letzter regierender Herrscher war Graf Franz I. zu Erbach-Erbach (1754–1823), ein leidenschaftlicher Sammler, dem das Schloss einen Großteil seiner Kunstschätze verdankt. Dieser Regent führte zur Linderung der Armut in Erbach die Elfenbeinschnitzerei ein und begründete damit eine bis heute lebendige Tradition. Aus Gründen des Artenschutzes werden heute nur noch die fossilen Stoßzähne sibirischer Mammuts verarbeitet. Das Deutsche Elfenbeinmuseum, außerhalb der Altstadt am Wiesenmarktgelände gelegen, dokumentiert die Geschichte der Schnitzkunst aus Odenwälder Werkstätten und umfasst rund 1000 Exponate aus aller Welt. Außerdem kann man in der angeschlossenen Werkstatt den Schnitzern bei der Arbeit über die Schulter schauen.

Wildschweingrunzen im Wald

Vom Bullauer Bild zum Limes

In der Abgeschiedenheit des Hinteren Odenwaldes wandern wir auf einsamen Forstwegen und verschlungenen Pfaden. Am Limes sind die Mauerreste eines römischen Wachtturms und der Badeanlage des Römerkastells Würzberg zu sehen. In einem Wildschweingehege können wir das Borstenvieh aus nächster Nähe beobachten.

DIE WANDERUNG IN KÜRZE

++ Anspruch	**Charakter:** Gemächliche, aber ausgedehnte Wanderung auf bequemen Wegen, überwiegend im Wald	rung Erlenbach/Bullau folgend. Hinter Erlenbach fährt man an den beiden ersten ausgeschilderten Parkplätzen vorbei, bis unmittelbar hinter einer scharfen Linkskurve links der beschilderte Parkplatz Bullauer Bild kommt.
5 Std. Gehzeit	**Wanderkarte:** Topographische Naturparkkarte 1 : 50 000 Bergstraße-Odenwald Nordost	
17 km Länge	**Einkehrmöglichkeit:** Gasthaus Bullauer Bild	**Öffnungszeiten: Schwarzwildgehege** des Fürstl. Leining. Forstamtes vom 15. März bis 15. Nov. täglich 11–17 Uhr
	Anfahrt: Mit dem Kfz: In Erbach biegt man von der B45 ab, der Ausschilde-	

Am **Parkplatz** beginnt ein Forstweg, dem wir geradeaus folgen. Am Rande einer Waldwiese stoßen wir auf ein Asphaltsträßchen und gehen links weiter. Bald ist links im Wald das **Bullauer Bild** zu sehen. Eingewachsen zwischen zwei Buchen, steht dieser Bildstock von 1761 an einer alten Handels- und Pilgerweg-

kreuzung. Das Sträßchen führt uns weiter zum Gasthaus Bullauer Bild (15 Min.), das bereits jetzt zur Einkehr verlockt. Danach verlassen wir den Hauptweg und folgen links dem Weg, der mit dem roten X markiert ist, durch den Wald.

Nach Unterqueren einer Stromleitung wandern wir geradeaus am

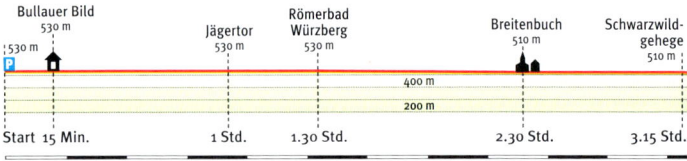

Bullauer Bild 530 m		Jägertor 530 m	Römerbad Würzberg 530 m		Breitenbuch 510 m	Schwarzwild-gehege 510 m
530 m P				400 m 200 m		
Start 15 Min.		1 Std.	1.30 Std.		2.30 Std.	3.15 Std.

0

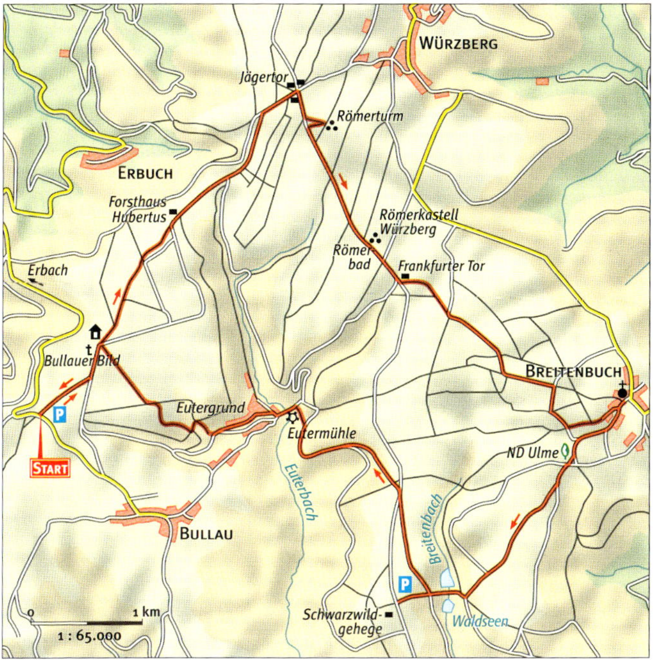

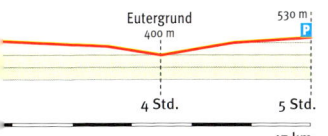

Forsthaus Hubertus vorbei. Schließlich treten wir aus dem Wald heraus und folgen dem Feldweg zur Straßenkreuzung an der Häusergruppe **Jägertor** (1 Std.). Vor uns in der Niederung liegt die Ortschaft Würzberg. Wir trennen uns vom roten X und gehen rechts auf dem Asphaltsträßchen weiter, vorbei am Tierheim und einem Gasthaus. Bald nach Ende der Asphaltierung machen wir an der rot-weißen Wegschranke einen kurzen Abstecher

nach links und folgen dem Waldpfad, der mit dem weißen L markiert ist, zum **römischen Wachtturm** auf dem Roten Buckel. Von diesem 145 n. Chr. erbauten Steinturm sind die Grundmauern erhalten.

Das Zeichen weißes L führt uns zum Hauptweg zurück, dem wir nach links geradlinig durch den Wald folgen. Unser Weg verläuft parallel zum Odenwaldlimes, der sich etwa 250 m östlich erstreckt, zum Römerbad des **Kastells Würzberg** (1.30 Std.). Die restaurierten Grundmauern zeugen von den Badefreuden der alten Römer. Die Fundamente des 50 m entfernten Kastells sind nicht freigelegt und zeichnen sich nur als grasbewachsene Bodenerhebung ab. Ein gut erhaltenes Haupttor des Kastells ziert heute den Eulbacher Park.

Wir wandern auf dem Hauptweg weiter und gelangen bald auf eine Asphaltstraße, der wir geradeaus folgen. Nach 200 m (gegenüber der Rechtsabzweigung eines Forstwegs) trennen wir uns von dem weißen L und biegen links auf einen nicht markierten Grasweg ab. Dieser Weg teilt sich sofort, und wir halten uns rechts. Zwei Minuten später gehen wir an einer Gabelung erneut rechts weiter. Danach bleiben wir geradeaus auf dem unscheinbaren, grasbewachsenen Hauptweg. Einige alte, aus Sandstein gehauene Grenzsteine mit Bischofsstab bezeugen, dass wir uns auf einem alten Grenzweg befinden.

Bald gelangen wir auf einen Forstweg, dem wir nach rechts folgen. Im Schotter blinkt schwarz glänzender Obsidian (Glasfluss vulkanischen Ursprungs) auf. Wir gehen an zwei Rechtsabzweigungen vorbei und stoßen schließlich auf einen Querweg, dem wir nach rechts folgen. Nun wandern wir an einer Rechtsabzweigung vorbei zum Waldrand, wo wir uns an der Wegkreuzung nach links wenden und die ersten Gehöfte von **Breitenbuch** (2.30 Std.) ansteuern. Im Ort gelangen wir auf eine Dorfstraße, die wir zunächst nach links gehen können. In Breitenbuch gibt es noch so manches schöne alte Gehöft zu sehen; am Straßenrand stehen alte Bildstöcke aus Sandstein. Eine Sitzbank im Schatten einer Kastanie bietet sich zur Rast an.

An der **Kirche** machen wir kehrt und gehen auf der Straße zurück. Das Wegzeichen gelbes umgekehrtes T dient auf der gesamten restlichen Wanderung der Orientierung. Bald lassen wir die letzten Gehöfte hinter uns und kommen am Friedhof vorbei. Der asphaltierte Feldweg führt links an einem alten Sandsteinkreuz zwischen zwei Kastanien und kurz danach an einer **uralten knorrigen Ulme** vorbei, die als Naturdenkmal ausgewiesen ist. An der nächsten Gabelung halten wir uns auf dem rechten Sträßchen.

Wir tauchen in den Wald ein und bleiben auf dem markierten Hauptweg. Unvermittelt weist uns das Zeichen nach rechts; wir steigen über einen Weidetritt und gelangen zu zwei Waldseen hinab. Diese ehemaligen **Fischteiche** im Breitenbachtal wurden einst von den Amorbacher Benediktinern angelegt. Dahinter gehen wir geradeaus über eine Wegkreuzung hinweg und stoßen bald auf eine Fahrstraße. Schräg rechts gegenüber führt ein Weg zum Eingang des **Schwarzwildgeheges** (3.15 Std.).

Nachdem wir das Borstenvieh gefüttert haben, kehren wir zur Fahrstraße zurück. Das Zeichen geleitet links die Straße entlang, wir jedoch meiden diesen Abschnitt und kehren stattdessen zur letzten Wegkreuzung zurück, wo wir nach links biegen. Unser Waldweg schneidet schließlich die Straße und führt dahinter gemächlich bergab. Das gelbe umgekehrte T ist wieder unser Begleiter.

Sobald am linken Wegesrand ein Weidezaun verläuft, heißt es aufgepasst: Auf einer Trittleiter steigen wir über den Zaun und folgen dem markierten Pfad im dunklen Fichtenforst bergab. Aus dem Talgrund dringt das Rauschen des Euterbachs empor. Wir gelangen auf einen Weg, dem wir nach rechts zur Eutermühle folgen. Hier an der Weggabelung halten wir uns links und passieren das ziemlich verwahrloste Gehöft. Durch den Mühlgraben rauscht das Wasser zum alten Mühlrad, das neben der Schreinerei zu sehen ist.

Wir durchqueren den **Eutergrund** (4 Std.), ein vorbildlich gepflegtes Naturschutzgebiet. Der offene, vernässte Talboden ist Teil eines einst ausgedehnten Wiesentals, das seit dem 17. Jh. extensiv bewirtschaftet wurde. Ein differenziertes System von Be- und Entwässerungsgräben, das teilweise erhalten ist, erlaubte eine fein abgestimmte Regulierung der Wasserversorgung. Diese so genannten Wässerwiesen erzielten dadurch einen höheren Grasertrag und konnten bis zu dreimal jährlich gemäht werden. Heute sorgt ein Wanderschäfer mit rund 300 Schafen für eine regelmäßige Beweidung.

An der Straßengabelung gehen wir rechts ansteigend weiter. An der folgenden Gabelung halten wir uns links (Am Löwenbrunnen). Kurz nach Passieren des munter plätschernden **Löwenbrunnens** ist rechts ein hohes hölzernes Speicherhaus beachtenswert. Hinter dem letzten Haus laufen wir 50 m geradeaus auf dem Asphaltsträßchen weiter, ehe wir es in der ersten Linksbiegung verlassen und rechts den ziemlich steilen Waldweg hi-naufgehen. Das gelbe umgekehrte T dient weiterhin der Orientierung.

Beim Aufstieg überqueren wir bald einen Forstweg und wandern auf der markierten Route (sie führt um wenige Meter nach rechts versetzt weiter) stetig bergan. An der nächsten Gabelung wenden wir uns nach rechts. Nun verflacht der Anstieg. Bald folgt eine weitere Gabelung, an der wir uns erneut rechts halten. Wir stoßen auf einen Forstweg, dem wir etwa 75 m nach links folgen, ehe wir mit dem Zeichen rechts abbiegen. Bald wandern wir über einen Forstweg hinweg und kommen schließlich am Waldrand heraus.

Entlang der Wiese laufen wir zum **Gasthaus Bullauer Bild,** wo wir gemütlich einkehren können. In der warmen Jahreszeit sitzt man unter Kirschbäumen im Freien und genießt die ruhige Abendstimmung. Ein vielstimmiges Vogelkonzert, das mit Einbruch der Dämmerung einsetzt, beschließt den Wandertag. Über das Sträßchen, das wir schon auf dem Hinweg benutzt haben, kehren wir zum **Parkplatz** zurück (5 Std.).

Tour 29

Zur Quelle der Mümling

Von Hetzbach nach Beerfelden

Waldige Höhen, sanfthügelige Wiesen und Felder in den Niederungen, so präsentiert sich das obere Mümlingtal. In Beerfelden entdecken wir den berühmten Zwölf-Röhren-Brunnen, der die Quelle der Mümling fasst. Frei auf der Anhöhe über dem Ort liegt eine alte Richtstätte, ein düsterer Ort historischen Strafvollzugs.

DIE WANDERUNG IN KÜRZE

+
Anspruch

Charakter: Leichte Wanderung, überwiegend auf asphaltierten Feldwegen

4 Std.
Gehzeit

Wanderkarte: Topographische Naturparkkarte 1 : 50 000 Bergstraße-Odenwald Nordost

14 km
Länge

Einkehrmöglichkeiten: Verschiedene Gaststätten und Cafés in Beerfelden

Anfahrt: Mit dem Kfz: Autofahrer kommen über die B460 oder B45. **Mit der Bahn:** Hetzbach liegt an der Bahnstrecke Frankfurt-Eberbach.

Hinweise: Diese Tour lässt sich angesichts der Wegverhältnisse auch gut mit dem Fahrrad unternehmen. Im Sommer bietet es sich ein Ausflug zur nahen Marbachtalsperre mit ihren Wassersportmöglichkeiten geradezu an.

Am **Bahnhof** von **Hetzbach** folgen wir der Straße nach links. Unten im Mümlingtal stoßen wir auf eine Querstraße und laufen links weiter, bis wir rechts auf den ›Sportplatzweg‹ abbiegen. Es geht geradeaus über die nächste Wegkreuzung hinweg. An der großen Straßenkreuzung ›Am Wingertsbuckel‹ wandern wir geradeaus weiter und lassen die Häuser hinter uns. Wir erreichen eine Wegkreuzung, an der wir geradeaus durch ein Wäldchen gehen. Unser Weg folgt deutlich erkennbar einer ehemaligen Bahntrasse, über die einst eine Stichstrecke der Odenwaldbahn nach Beerfelden führte.

Dort, wo die alte Bahntrasse geradeaus weiterführt, folgen wir dem

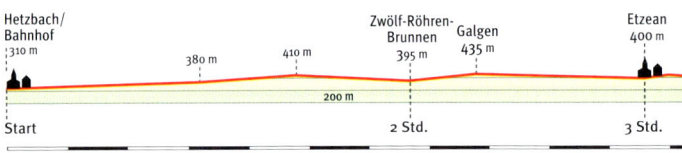

Hetzbach/ Bahnhof		Zwölf-Röhren-Brunnen	Galgen		Etzean
310 m	380 m / 410 m	395 m	435 m	200 m	400 m
Start		2 Std.			3 Std.

0

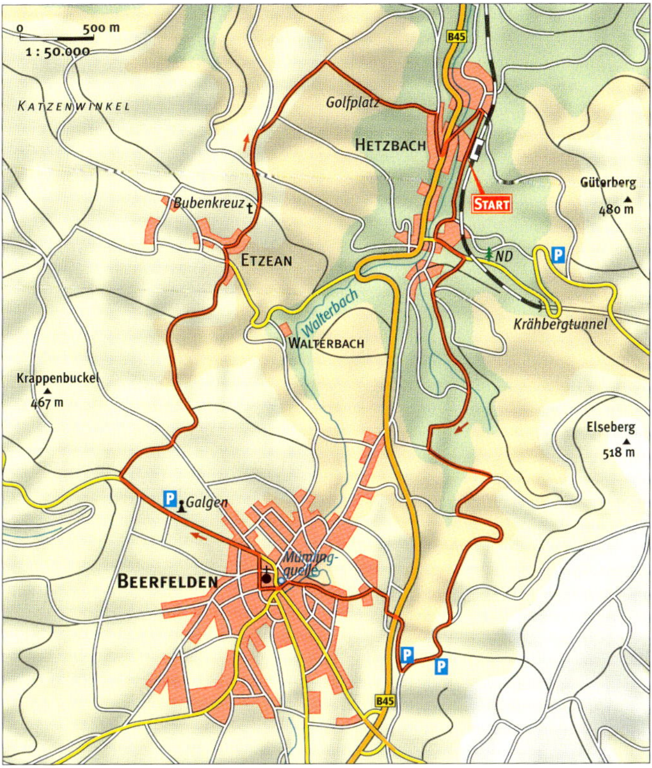

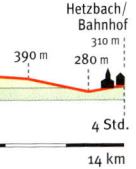

asphaltierten Hauptweg nach links durch die Felder. Wir stoßen auf einen Querweg und gehen nach links in die Niederung hinab. Hier endet die Asphaltierung, und wir steigen geradeaus (weglos) am Wiesenhang empor, vorbei an einer stattlichen Eiche und einem Hochsitz. Es geht kurz am Waldrand entlang, ehe wir auf einem unscheinbaren Weg in den Forst eintauchen. Alsbald stoßen wir auf einen guten Forstweg, dem wir nach rechts folgen. Den nächsten Querweg wandern wir nach links empor.

Stets dem Hauptweg durch den Wald folgend, stoßen wir schließlich auf ein Asphaltsträßchen und marschieren nach rechts bergab. Wir passieren einen **Parkplatz** (ab hier begleitet uns das weiße Dreieck) und haben danach einen schönen Blick über Wiesen auf Beerfelden. Bald biegen wir scharf rechts auf ein Asphaltsträßchen ab, das parallel zur Bundesstraße verläuft. Am Ende des Parkplatzes überqueren wir die

121

Bundesstraße und gehen den asphaltierten Feldweg hinauf. An zwei Gabelungen halten wir uns jeweils links und folgen dann dem ›Kräberger Weg‹ geradeaus nach **Beerfelden** hinein.

Vor dem berühmten **Zwölf-Röhren-Brunnen** (2 Std.) mit seinen dekorativen Löwenköpfen und urnengezierten Säulen, der die Mümlingquelle fasst, stoßen wir auf die Brunnengasse und gehen sie nach links hinauf. An der großen Straßenkreuzung laufen wir geradeaus auf der Odenwaldstraße weiter, ehe wir die erste Rechtsabzweigung nehmen und zur Pfarrkirche gelangen. Zahlreiche Fachwerkhäuser in Beerfelden sind mit Holzschindeln verkleidet, eine Mode, die Anfang des 20. Jh. im Odenwald aufkam. Eine gewisse Einheitlichkeit der Bauweise hat ihren Grund darin, dass ein Stadtbrand 1810 fast den gesamten Ort eingeäschert hat. Viele der heutigen Häuser stammen aus der Zeit unmittelbar nach dieser Katastrophe, so das Haus Kirchstraße 22 mit seiner schönen Holztür; in einer Inschrift über dem Türsturz haben sich die Erbauer verewigt.

Wir stoßen auf die Geißgasse, wenden uns nach links und gehen sogleich an der Gabelung links auf der Airlenbacher Straße weiter. Bald kommt rechts an der Straße der **Galgen** des Zentgerichtes Beerfelden. Um 1550 errichtet und 1597 erneuert, gilt er mit seinen drei Sandsteinsäulen als der besterhaltene dreischläfrige Galgen Deutschlands. Drei Deliquenten gleichzeitig konnten hier hingerichtet werden. Die letzte Hinrichtung fand 1804 statt, als eine Zigeunerin wegen Diebstahls eines Huhns und zweier Laib Brot gehängt wurde.

Wir gehen die Straße noch etwas weiter, bis sie nach links in den Wald schwenkt, und biegen rechts auf den asphaltierten Feldweg ab. In der Flur stoßen wir auf einen Querweg und wenden uns nach links. Sogleich biegen wir an einer Gabelung vor einem Gedenkstein, der an die 1972–82 erfolgte Asphaltierung von Feld- und Waldwegen in einer Gesamtlänge von 350 km erinnert (›zur Förderung der Landwirtschaft‹), nach rechts. Das Sträßchen führt am Waldrand entlang und durch eine Niederung nach **Etzean** (3 Std.).

Bei den ersten Häusern gehen wir über eine Querstraße hinweg und erreichen sogleich am Dorfweiher eine Straßengabelung. Wir wandern rechts weiter (Markierung blaues Kreuz) und lassen die Höfe hinter uns. Bald erblicken wir links bei einer Holzbank das so genannte **Bubenkreuz,** ein schlichtes, zur Hälfte im Erdboden versunkenes und leicht lädiertes Sandsteinkreuz. Wir wandern geradeaus zum nahen Waldrand weiter und tauchen in den Forst ein. Auf dem asphaltierten Hauptweg geht es geradeaus durch den Wald, bis wir wieder in die offene Flur gelangen. Es geht an einem kleinen Golfplatz vorbei, ehe wir das rechts abzweigende Asphaltsträßchen nehmen und nach **Hetzbach** hinabwandern.

Bei den ersten Häusern folgen wir einem Querweg nach rechts hinunter, vorbei an einigen schönen alten Gehöften. Im Tal stoßen wir auf die Bundesstraße und gehen links weiter, bis wir hinter der Ampel rechts in die Schwimmbadstraße abbiegen. An der Gabelung halten wir uns rechts auf dem Kreuzweg und laufen geradeaus bergauf. Wir stoßen auf eine Querstraße und gelangen nach rechts zum **Bahnhof** zurück (4 Std.).

Die Quellkirche am Euterbach

Von Schöllenbach zum Limes

An einer Quelle, die einst als heilkräftig galt, steht die ehemalige Wallfahrtskirche von Schöllenbach. Auf dem Limeswanderweg begegnen uns auf Schritt und Tritt römische Ausgrabungsreste. Zum Reiz der Wanderung tragen alte, aus Sandstein gehauene Bildstöcke am Wegesrand bei, die auf Grund eines Gelübdes errichtet wurden.

DIE WANDERUNG IN KÜRZE

++
Anspruch

4 Std.
Gehzeit

13 km
Länge

Charakter: Bequeme Feld- und Waldwege, teils schattig, längerer Anstieg

Wanderkarte: Topographische Naturparkkarte 1 : 50 000 Odenwald Südost

Einkehrmöglichkeit: Gasthaus Zum grünen Baum in Hesselbach

Anfahrt: Mit dem Kfz: Autofahrer kommen über die so genannte Siegfriedstraße – entweder von Beerfelden bzw. Erbach oder von Süden – und parken an der Durchgangsstraße nahe dem Rathaus.

Mit der Bahn: Schöllenbach liegt an der Bahnstrecke Erbach-Eberbach; allerdings halten die meisten Züge nicht, so dass man den Fahrplan vorher genau studieren sollte.

Vom **Bahnhof Schöllenbach** läuft man in den Ort hinab und folgt der Durchgangsstraße (Siegfriedstraße) nach rechts. Wer mit Bus oder Auto anreist, geht ebenfalls zunächst die Durchgangsstraße hinab. Vor dem Rathaus wenden wir uns links in die Kirchbrunnenstraße zur so genannten **Quellkirche.** Über dem Kirchenportal mit seiner alten Holztür sind die Jahreszahl 1782 und drei Sterne, das Wappen der Grafen von Erbach, erkennbar. Beiderseits des Portals stehen uralte knorrige Buchsbäume, die ihrem Namen alle Ehre machen. Das heutige Kirchlein stellt den erhaltenen Chor eines viel größeren Gotteshauses dar, das Schenk Philipp von Erbach 1465 über einer

als heilkräftig geltenden Quelle hatte erbauen lassen. An der Kirchenmauer sprudelt das Quellwasser aus zwei steingefassten Becken in den Euterbach. Unmittelbar nach Überqueren des Euterbachs biegen wir rechts in den Mainzer Weg und folgen der gelben Ziffer 3 im Kreis. Vor Haus Nr. 5 steht ein besonders schöner Bildstock.

Wir verlassen den Ort und folgen dem Sträßchen durch das liebliche Ittertal. An der linken Böschung treten Reste alter Trockenmauern aus Sandstein zu Tage, die einst der Hangterrassierung dienten. Rechts steht ein schlichtes Sandsteinkreuz am Wege, das wahrscheinlich von einem verurteilten Mörder als Sühnezeichen gesetzt wurde. Häufig sind in diese Sühnekreuze auch Zeichen, Strichmännchen, Waffen oder Gerätschaften eingemeißelt. Nicht selten regelte ein Sühnevertrag die Wiedergutmachung durch Geldzahlung an die Hinterbliebenen, Dienstleistungen und Wallfahrten.

Das Sträßchen endet an einer Wegkreuzung vor einer Sitzbank. Wir biegen nach rechts und folgen dem markierten Weg weiter durch das Wiesental. Bald erhebt sich links ein schöner, aus Sandstein gehauener **Bildstock**. Wie die Inschrift bekundet, wurde er 1796 von Mathes Geyer, Schultheiss in Kailbach, gestiftet.

Vor einem **Holzlagerplatz** (noch vor Überqueren eines Bachlaufs) trennen wir uns von der Ziffer 3 und biegen links auf den Weg, der in den Wald hinaufführt (45 Min.). Der gelbe Punkt ist nun unser Lotse. In einigen Kehren steigt der markierte Weg am Hang des Sachsenberges an und führt zu einer **Schutzhütte** (2.15 Std.). Bald danach stoßen wir auf eine Fahrstraße und folgen ihr etwa 30 m nach links, ehe wir uns schräg links dem Limespfad (Markierung weißes L) anschließen.

Bald taucht links unter Bäumen das Fundament des römischen **Wachtpostens Klosterwald** auf. Kurz nach dem Wachtposten Hochwald liegt am linken Wegesrand ein alter Grenzstein, der einen Bischofsstab erkennen läßt. Gleich danach erhebt sich rechts des Weges eine kurze,

drei Meter hohe Sandsteinmauer. Es handelt sich um einen rekonstruierten Abschnitt der Limesmauer, die einst in dieser Gegend auf 112 m Länge die sonst übliche Holzpalisade des Odenwaldlimes ersetzte. Das Einrammen der Holzpfosten in den dicht unter der Erdoberfläche anstehenden Sandstein war den Römern offenbar zu mühsam, so dass der Limes kurzerhand solide aus Stein erbaut wurde.

Es geht bergab, bis wir erneut auf die Fahrstraße gelangen. Vom **Kleinkastell Jägerwiese** (3 Std.), das sich einst an dieser Stelle erhob, sind fast alle Spuren verschwunden. Unter den spärlichen Trümmern fand sich ein Sandsteinrelief mit Krieger, das die Außenmauer zierte und in Kopie aufgestellt ist (Original im Museum Amorbach). Wir laufen etwa 100 m entlang der Straße, bis uns das Zeichen schräg rechts einen Waldweg emporweist. An der nächsten Verzweigung führt der markierte Wanderweg links weiter, doch machen wir zunächst einen kurzen Abstecher nach rechts.

Über einen Weidetritt hinweg gelangen wir zum römischen **Wachtposten Kahler Buckel**. Neben den Grundmauern des Steinturms ist die Kopie einer Sandsteinplatte aufgestellt, deren lateinische Inschrift wortreich das Baujahr 146 n. Chr. und die Erbauer des Turms beschreibt. Etwas weiter südlich lassen Bodenerhebungen die Standorte zweier älterer Holztürme erkennen.

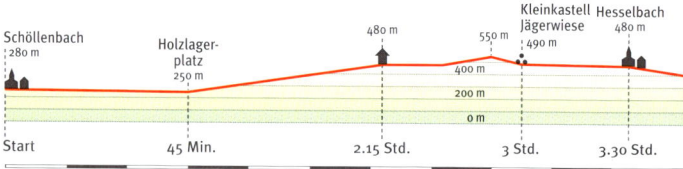

Schöllenbach 280 m · Start · Holzlagerplatz 250 m · 45 Min. · 480 m · 2.15 Std. · 550 m · Kleinkastell Jägerwiese 490 m · 3 Std. · Hesselbach 480 m · 3.30 Std. · 400 m · 200 m · 0 m

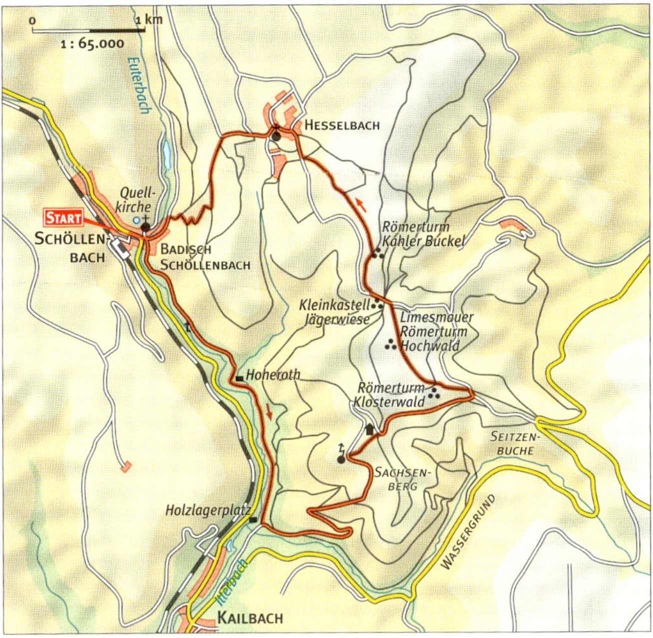

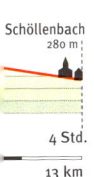

Der Erdwall mit Graben im Osten ist nicht römischen Ursprungs, sondern zeichnet den Verlauf einer mittelalterlichen Landwehr nach, die bis heute als Landesgrenze fortbesteht. Im 19. Jh. wurde der Grenzstein zwischen dem Großherzogtum Baden (GB) und der Landgrafschaft Hessen (GH) gesetzt.

Wir kehren zur markierten Wanderroute zurück. Der Weg verläuft geradlinig auf gleichbleibender Höhe. Am Waldrand verlassen wir den Limeswanderweg, der nach rechts abbiegt, und gehen geradeaus auf dem Asphaltsträßchen weiter. Bald mündet es auf die Fahrstraße ein, der wir rechts nach **Hesselbach** (3.30 Std.) folgen. Am Ortseingang sowie am Gasthaus ›Zum grünen Baum‹ stehen alte Bildstöcke. An der Straßengabelung am Gasthaus laufen wir – der Markierung weißes Dreieck folgend – links die Hauptstraße hinab und passieren die Dorfkirche.

Nach den letzten Häusern verlassen wir die Straße in der Rechtskurve und biegen links auf den Waldweg ab. Schon nach etwa 75 m biegen wir rechts auf den markierten Pfad ab. Die Wanderroute führt in Kehren bergab und schneidet mehrfach Forstwege. Unten im Tal gelangen wir erneut auf die Fahrstraße und folgen ihr am Euterbach entlang nach **Schöllenbach** (4 Std.) zurück.

Schöllenbach
280 m

4 Std.

13 km

31

Stille und Waldeinsamkeit

Von Kailbach durch das Haintal

Nirgendwo ist der Odenwald so einsam wie in seinem südöstlichen Bereich. Dichte Wälder bedecken die weiten Hochebenen und reichen die steilen Bergflanken hinab, tief eingeschnittene Täler durchziehen das Gebirge. In diese abgeschiedene Gegend wollen wir uns heute begeben.

DIE WANDERUNG IN KÜRZE

++
Anspruch

Charakter: Gemächliche, aber ausgedehnte Wanderung auf überwiegend schattigen Waldwegen

4.30 Std.
Gehzeit

Wanderkarte: Topographische Naturparkkarte 1 : 50 000 Bergstraße-Odenwald Nordost

16 km
Länge

Einkehrmöglichkeit: Holland-Haus in Kailbach

Anfahrt: Mit dem Kfz:

Autofahrer kommen über die so genannte Siegfriedstraße und parken im nördlichen Ortsteil von Kailbach; gute Parkmöglichkeit in der Bahnhofstraße. **Mit der Bahn:** Kailbach liegt an der Bahnstrecke Erbach-Eberbach. Der Bus hält an der Haltestelle Kailbach/ Abzweigung Bahnhof.

Wer mit dem Zug nach **Kailbach** anreist, läuft zunächst die **Bahnhofstraße** hinab. An der Bushaltestelle stoßen wir auf die Siegfriedstraße, die uns nach rechts in den Ort hinabführt. Ehe die Straße nach links durch das Ittertal schwenkt, biegen wir rechts in den Mühlweg und orientieren uns an der gelben Ziffer 5 im Kreis. Wir folgen dem Sträßchen zur ehemaligen Mühle, heute ein

größerer Gebäudekomplex, und gehen rechts daran vorbei. Der markierte Hangweg verläuft oberhalb des Itterbachs. Leider breiten sich in der Talaue unschöne Industrieanlagen aus.

Unvermittelt erhebt sich ein **Eisenbahnviadukt** (30 Min.) über die Baumwipfel, das an ein römisches Aquädukt denken lässt. Auf dieser mächtigen, aus rötlichen Sandstein-

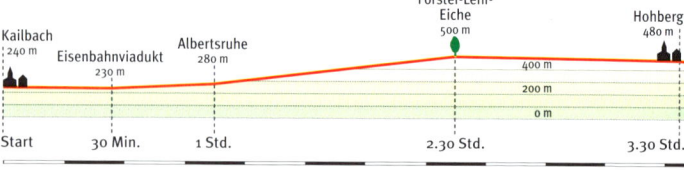

Kailbach
240 m
Eisenbahnviadukt
230 m
Albertsruhe
280 m
Förster-Lehr-Eiche
500 m
400 m
200 m
0 m
Hohberg
480 m

Start
30 Min.
1 Std.
2.30 Std.
3.30 Std.

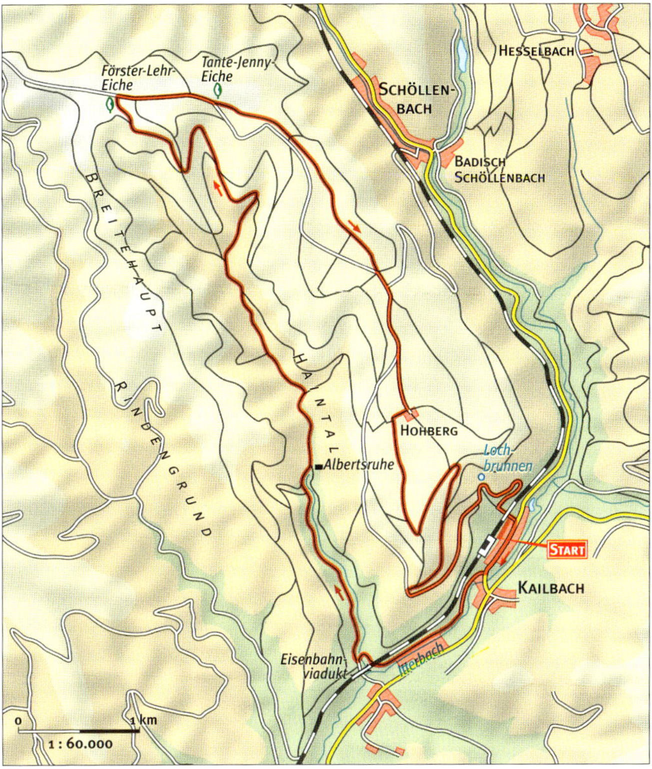

quadern errichteten Bogenbrücke überquert die Main-Neckarbahn das tief in die Bergflanke eingeschnittene Haintal. Wir gehen unter dem Viadukt hindurch und folgen dem Sträßchen im Linksschwenk durch den Talgrund. Das Bauwerk erhebt sich nun in seiner ganzen Pracht vor uns. Auf der gegenüberliegenden Talseite biegen wir vor einem Haus scharf rechts auf den markierten Weg.

Wir befinden uns auf einem alten Verbindungsweg, wie die unter der Gras- und Schotterdecke gelegentlich hervorschimmernden Reste des groben Sandsteinpflasters bezeugen. Gemächlich wandern wir nun am Rande des stillen Haintals bergan. Erlen, Eschen und Weiden säumen den Bachlauf, Nasswiesen und ökologisch wertvolle Hochstaudenfluren mit Ulmenblättrigem Mädesüß und Rotem Hartriegel erstrecken sich in der Aue. An einer Gabelung halten wir uns rechts auf dem markierten Weg.

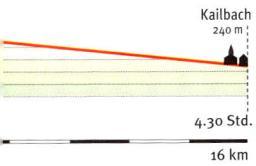

Kailbach
240 m

4.30 Std.

16 km

127

Einsam liegt die Albertsruhe im Wald

Im Talgrund taucht unvermittelt die **Albertsruhe** (1 Std.) auf, ein ehemaliges Forsthaus des Grafen zu Erbach-Fürstenau. Die roten Dächer und Sandsteinmauern sind von üppigem Grün umgeben, der einstige Garten ist vom Spierstrauch überwuchert. Das Wohnhaus dieses verwunschen wirkenden Ensembles liegt schon viele Jahre in Ruinen, Bäume recken sich aus den moosbedeckten Trümmern. Aus einem unscheinbaren sandsteingefassten Brunnen rinnt klares Quellwasser. Der Weg verläuft weiter im Tal und gabelt sich kurz vor dem Kandelbrunnen, einer unscheinbaren Quellfassung im Talgrund. Wir bleiben auf der linken Hangseite und folgen nun der gelben Ziffer 4 im Kreis.

Bald wechselt unser Weg die Hangseite. Große Rosskastanien im Wiesengrund markieren einen besonders schönen, parkartigen Abschnitt. Allmählich schließt sich der Wald um uns. An einer Gabelung halten wir uns rechts und folgen weiter der Ziffer 4. Es geht stetig bergan, bis wir kurz hinter der **Förster-Lehr-Eiche** (2.30 Std.) die Hochfläche erreichen und auf einen breiten Quer-weg gelangen. Wir wandern rechts weiter; zur Ziffer 4 gesellt sich der gelbe Punkt hinzu. Dieses Zeichen bleibt auf dem gesamten Rückweg unser Lotse. Der markierte Weg verläuft geradlinig durch den Wald. Am linken Wegesrand erhebt sich die **Tante-Jenny-Eiche,** ein stattlicher, als Naturdenkmal ausgewiesener Baumriese.

An einer Wegkreuzung biegt die Ziffer 4 links ab, wir jedoch wandern geradeaus weiter. Ein Asphaltsträßchen führt uns schließlich über Wiesen zu den abgelegenen Gehöften von **Hohberg** (3.30 Std.). Bald darauf beginnt unser allmählicher Abstieg von der Hochfläche. Zweimal beschreibt die markierte Wanderroute eine überraschende Spitzkehre, ehe wir auf einem Asphaltsträßchen bergab laufen. Hinter der Rechtsbiegung am Lochbrunnen weist uns das Zeichen rechts auf einen Pfad, der zum Waldrand hinunterführt. Wir gelangen erneut auf die Straße und gehen bergab, bis wir hinter der Bahntrasse wieder auf die Bahnhofstraße in **Kailbach** (4.30 Std.) einmünden.

Räuberkumpan im finstren Wald

Von Eberbach auf die höchste Erhebung des Odenwaldes

Auf einsamen Waldwegen erwandern wir den 626 m hohen Katzenbuckel. Der ganzjährig geöffnete Aussichtsturm gewährt einen hinreißenden Rundblick über einen Großteil des Odenwaldes. Anschließend besuchen wir eine romantische Burgruine. Ein gemütlicher Altstadtbummel durch Eberbach beschließt den Wandertag.

DIE WANDERUNG IN KÜRZE

++
Anspruch

5.30 Std.
Gehzeit

17 km
Länge

Charakter: ausgedehnte Wanderung auf überwiegend schattigen Waldwegen

Wanderkarte: Topographische Naturparkkarte 1 : 50 000 Odenwald Südwest

Einkehrmöglichkeiten: Gasthäuser in Unterhöllgrund und Waldkatzenbach, Turmschenke am Katzenbuckel

Anfahrt: Mit dem Kfz: Autofahrer kommen über die B37 oder B45. **Mit der Bahn:** Eberbach liegt an der Bahnstrecke Heidelberg–Neckarelz.

Öffnungszeiten: Eberbacher Museum am Alten Markt, Tel. 0 62 71 / 48 99, Di bis Fr 15–17 Uhr, Sa und So 14–17 Uhr

Am **Bahnhof** von **Eberbach** führt uns der Fußgängersteg über die Gleise. Dahinter folgen wir dem Schafwiesenweg, bis er in eine Querstraße mündet. Etwas nach rechts versetzt beginnt die Hohenstaufenstraße, der wir durch ein Wohngebiet folgen. An ihrem Ende überschreiten wir eine breite Querstraße, laufen auf dem Wormser Weg weiter und gelangen auf die Straße Am Linkbrunnen, die uns geradeaus durch ein Neubaugebiet leitet. Bei den letzten Häusern steigt die Straße zum Waldrand an. An ihrem Ende erreichen wir eine Gabelung und wandern auf dem linken Waldweg weiter. Er verläuft nahezu ebenerdig am Hang; links unten im Tal fließt die Itter. Nach Durchschreiten eines Wildgat-

Altstadthäuser in Eberbach

ters nähert sich unser Weg dem Itterkanal, der uns die nächste Zeit begleiten wird. Bahnlinie, Kanal und Weg rücken allmählich dichter zusammen. Das Staubecken im Ittertal, das den Kanal speist, bleibt unseren Blicken weitgehend entzogen. Hinter einem weiteren Wildgatter mündet unser Weg auf eine Fahrstraße, die uns nach links zu den wenigen Häusern von **Gaimühle** (1.45 Std.) hinabführt.

Vor der Brücke biegen wir rechts in die Höllgrundstraße und lassen uns nun vom Zeichen rotes X leiten. Vor dem Haus Antonslust (unmittelbar hinter einer alten Sandsteinbrücke) biegt unser Sträßchen nach rechts und steigt durch das Landschaftsschutzgebiet Höllgrund mit seinem Auenwald aus Eschen, Erlen und vereinzelten Weiden nach **Unterhöllgrund** (2.15 Std.) an. Der Name hat nichts mit dem Ort der Finsternis zu tun, sondern leitet sich ganz im Gegenteil von ›hellem Grund‹ (gemeint ist der waldfreie Wiesengrund des Tals) ab.

Am **Hölzerlippbrunnen** (benannt nach einem Räuberkumpan, der zu Beginn des 19. Jh. den Odenwald unsicher machte) biegen wir an der Straßengabelung nach rechts und gehen steil bergauf. Sogleich folgt eine Gabelung, an der wir uns links halten.

Ein anhaltender kräftiger Aufstieg führt uns nach **Waldkatzenbach**

(3.30 Std.). Bei den ersten Häusern schwenkt die Route mit dem roten X nach links ab, wir jedoch laufen geradeaus durch den Ort weiter, bis wir an der evangelischen Kirche rechts in die Katzenbuckelstraße biegen. Das gelbe X dient nun der Orientierung; es wird uns auf dem gesamten Rückweg begleiten. Die Straße führt durch ein Wohngebiet und steigt über Felder zur Turmschenke am Waldrand an. Vor uns erhebt sich die

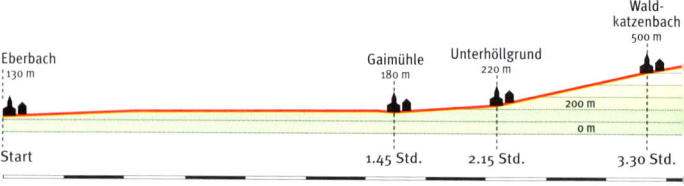

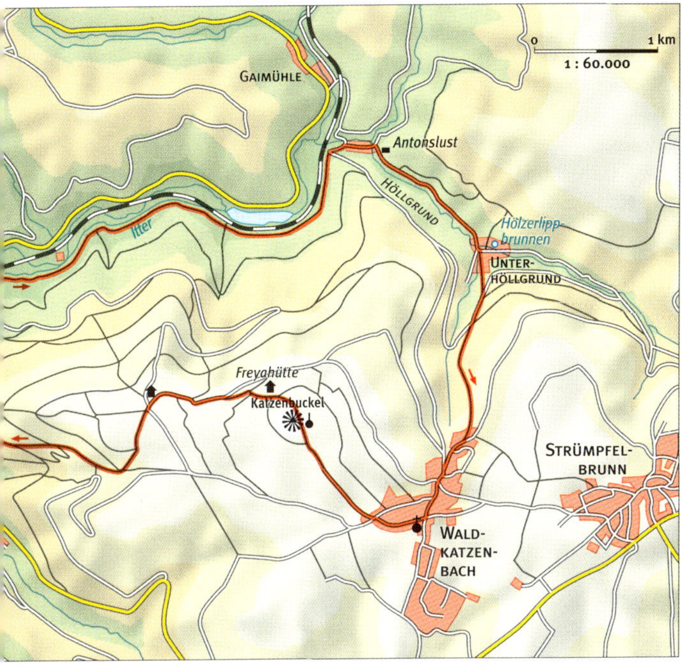

GAIMÜHLE

Antonslust

HÖLLGRUND

Itter

Hölzerlipp-brunnen

UNTER-HÖLLGRUND

Freyahütte
Katzenbuckel

STRÜMPFEL-BRUNN

WALD-KATZEN-BACH

0   1 km
1 : 60.000

bewaldete Basaltkuppe des so genannten Katzenbuckels aus der Buntsandsteinhochfläche.

Ein Waldweg führt das letzte Stück auf den **Katzenbuckel** (4 Std.) hinauf, wo es noch den 18 m hohen Aussichtsturm aus dem Jahre 1821 zu erklimmen gilt. Der Katzenbuckel stellt den stehen gebliebenen, noch nicht der Erosion anheim gefallenen Rest eines ehemaligen Vulkanschlotes dar, der am Ende der Kreidezeit (vor 68 Millionen Jahren) Feuer spie. Auf der mit 626 m höchsten Erhebung des Odenwaldes erwartet uns ein beeindruckendes Panorama. An sehr klaren Tagen schweift der Blick über schier endlose Wälder bis zum Taunus, Spessart und in den Kraichgau. Sitzbänke und eine Schutzhütte inmitten der Basaltfelsen laden zur Rast.

Beim Abstieg müssen wir weiterhin aufmerksam auf das gelbe X achten, das nicht immer leicht zu erkennen ist. Am Nordhang des Katzenbuckels führt unser Pfad zunächst durch schönen Hochwald hinunter. Hinter der Freyahütte geht es noch eine Weile im Unterholz bergab, ehe wir einem fast ebenerdigen Waldweg folgen. Bei einer weiteren Schutzhütte laufen wir geradeaus über eine Wegverzweigung hinweg.

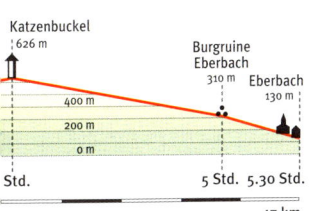

Katzenbuckel
626 m

Burgruine
Eberbach
310 m

Eberbach
130 m

400 m
200 m
0 m

Std.   5 Std.   5.30 Std.

17 km

Nach längerem Abstieg auf dem markierten Waldweg erreichen wir die **Burgruine Eberbach** (5 Std.), in beherrschender Lage auf einem Bergsporn oberhalb von Eberbach gelegen. Als die Veste Ende des 14. Jh. an Ritter Hans von Hirschhorn verpfändet wurde, machte der neue Burgherr mit ihr kurzen Prozess. Dem edlen Herrn war die Burg seit jeher ein Dorn im Auge gewesen, weil sie eine gefährliche Rivalin seiner Hausburgen Hirschhorn und Zwingenberg darstellte, und so ließ er sie kurzerhand in Schutt und Asche legen.

Nachdem wir uns in der ausgedehnten Anlage umgesehen haben, lotst uns das gelbe X in Kehren den Steilhang hinunter. Am Ortsrand von Eberbach beginnt ein Treppenweg, den wir durch das Wohngebiet zur Hohenstaufenstraße hinabgehen. Über den Hinweg kehren wir zum **Bahnhof** zurück (5.30 Std.). Falls noch ein wenig Zeit zum Verweilen ist, kann man den Wandertag mit einem Bummel durch die Altstadtgassen beschließen. Die Bahnhofstraße führt zum Rande des historischen Stadtgevierts, das von einer größtenteils erhaltenen Wehrmauer mit malerischen Ecktürmen umschlossen ist. Badische Gasthäuser und Weinstuben laden zur gemütlichen Einkehr.

Blick auf Waldkatzenbach

Minnesang und der Freischütz

Von Zwingenberg rund um das Neckartal

Gebirgsbäche stürzen in mannigfachen Kaskaden durch wildromantische Waldschluchten hinab. Eine stattliche Burgruine, deren Geschichte im Dunkeln liegt, erhebt sich beherrschend über dem Neckartal. Auf der gegenüberliegenden Fluss-Seite grüßt die romantische Burg der Markgrafen von Baden.

DIE WANDERUNG IN KÜRZE

++
Anspruch

5.30 Std.
Gehzeit

20 km
Länge

Charakter: Ausgedehnte Tour, überwiegend auf schattigen Waldwegen. Erfordert Kondition. Bei Nässe ist von einem Begehen der Pfade in der Wolfsschlucht und der Margaretenschlucht abzuraten.

Wanderkarte: Topographische Naturparkkarte 1 : 50 000 Odenwald Südwest

Einkehrmöglichkeiten: In Zwingenberg und Neckargerach

Anfahrt: Mit dem Kfz: Autofahrer kommen über die B 37. **Mit der Bahn:** Zwingenberg am Neckar liegt an der Bahnstrecke Heidelberg-Neckarelz.

Öffnungszeiten: Burg Zwin-

genberg ist in Besitz des Markgrafen von Baden, eine Besichtigung ist nur nach vorheriger telefonischer Anmeldung in Gruppen möglich. Markgräfliches Badisches Forstamt Zwingenberg, Tel. 0 62 63 / 2 11.

Hinweise: Vor Beginn der Wanderung sollte man sich versichern, dass die Neckarfähre bei Zwingenberg in Betrieb ist. Vom Bahnhof Zwingenberg gelangt man nach links direkt zur Anlegestelle der Fähre hinab. Fährdienst Mo bis Fr 7–12 und 13–18 Uhr, Sa 9–12 und 13–17 Uhr, So 10–12 und 13–17 Uhr. Bei Nebel und Gewitter wird nicht gefahren.

Am **Bahnhof** von **Zwingenberg** wenden wir uns nach rechts und lassen uns von dem roten R leiten. Mit dem Zeichen steigen wir sogleich einen Treppenweg empor und folgen der Straße ›Im Hohen Garten‹ rechts am Friedhof vorbei durch ein Wohngebiet hinauf. Am Waldrand schwenkt unsere Route nach rechts und ver-

läuft oberhalb der Ortschaft. In einem Tälchen führt uns der markierte Forstweg über den Koppenbach. Wir treten kurz aus dem Wald und wandern durch Streuobstwiesen, ehe uns das Zeichen nach links hangaufwärts weist. Im nahen Wald biegen wir rechts auf den markierten Forstweg. Zunächst gemächlich bergan, dann auf gleich bleibender Höhe geht es am Steilhang oberhalb des Neckartals entlang. Wir erreichen schließlich die ersten Häuser von **Neckargerach,** überqueren die Bahnlinie und laufen in den Ort hinab (1.15 Std.).

Am Brunnen biegt die Route mit dem roten R links ab, wir jedoch folgen der Hauptstraße geradeaus über den Seebach hinweg durch das Ortszentrum. Kurz hinter der evangelischen Kirche gehen wir links die Friedhofstraße zum Bahnhof hinauf, überqueren auf dem Fußgängersteg die Gleise und wenden uns nach rechts. Mit dem Zeichen rotes R, dem wir uns nun wieder anschließen, wandern wir entlang der Bahnlinie. Hinter den letzten Häusern gewährt der alte, von einer Sandsteinmauer (1888) gesäumte Weg einen schönen Blick über den Neckar hinweg auf Guttenbach.

Nach einer Viertelstunde begrüßt uns am Eingang zur **Margaretenschlucht** (1.45 Std.) eine Informationstafel. Unter ›Schlucht‹ mag man sich freilich etwas anderes vorstellen, handelt es sich doch eher um einen felsigen Hangeinschnitt, durch den ein Wildbach in Kaskaden herabstürzt. Zu den botanischen Besonderheiten gehören die seltene Flatterulme, die Winterlinde und der Wärme liebende Schwarzfarn.

Wir kehren auf demselben Weg zum **Friedhof** zurück und folgen ab dieser Stelle der Markierung roter Punkt. Die Hauptstraße führt uns nach links über den Neckar. Hinter der Brücke folgen wir der Rechtsabzweigung in die Neckaraue hinab. An der Straßengabelung unterhalb der Brücke wenden wir uns links nach **Ziegelhütte** (2.15 Std.) und durchschreiten die kleine Häuseransammlung, ehe wir über Streuobstwiesen und Felder zum Waldrand hinaufwandern. Hier biegt unsere Route nach rechts und steigt zur **Minneburg** (2.45 Std.) an.

Erstaunlich wenig ist über die verwunschene Ruine bekannt. Weder ist ihr Erbauer bekannt, noch berichtet die Chronik von ihrer Zerstörung. Auch ist nicht sicher, ob die Minneburg je eine Pflegestätte des Minnesangs gewesen ist. Die wohl erhaltene, ganze 17 m hohe Schildmauer wird zur Bergseite von wehrhaften Türmen gesäumt, während der dreigeschossige Wohn- und Festsaal mit seinen Erkern repräsentativ zum Neckartal ausgerichtet ist.

Von der Burgruine gehen wir mit unserem Zeichen weiter bergauf, halten uns bald an einer Gabelung rechts und folgen dann längere Zeit einem Hangweg. Kurz hinter der Kreuzung mit einem Asphaltsträßchen (rechts alter Wegweiser-Stein von 1879) passieren wir eine Schutzhütte neben dem **Kellersbrunnen** (3.45 Std.). Unser Wanderweg steigt

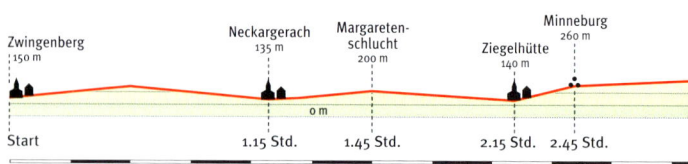

Zwingenberg 150 m — Start

Neckargerach 135 m — 1.15 Std.

Margaretenschlucht 200 m — 1.45 Std.

Ziegelhütte 140 m — 2.15 Std.

Minneburg 260 m — 2.45 Std.

0 m

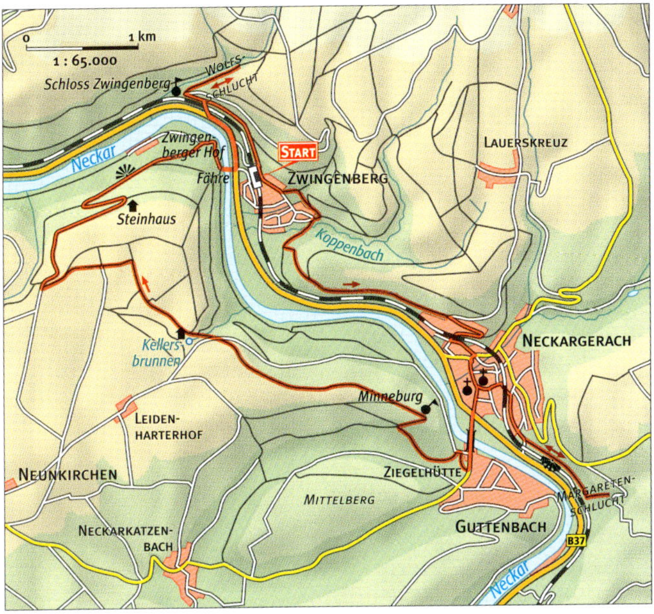

im schattigen Wald an, biegt nach links und führt geradlinig über eine freie Anhöhe, ehe er erneut in den Forst eintaucht. Wir stoßen auf eine Asphaltstraße, die wir nach rechts (ohne Wegzeichen) hinabgehen.

Diese so genannte Vizinalstraße wurde gebaut, nachdem Burg Zwingenberg samt der umliegenden Waldungen 1808 an den Großherzog von Baden geraten war, und stellt eine Querverbindung vom Neckartal zur weiter südlich verlaufenden Kurpfälzischen Chausee her. Eine Neuerung

im Straßenbau waren die weit ausholenden Serpentinen am südlichen Steilhang des Neckartals, die dank mäßiger Steigung ein Befahren mit Postkutschen erlaubten. An der Linkskehre steht das alte **Steinhaus** (4.30 Std.), das um 1820 als Unterkunft für Straßenarbeiter gebaut wurde. Gewaltige Sandsteinplatten dienen als Dach; die Trockenmauern mit doppelten Wänden sind mit Bruchsteinen und Sand verfüllt.

Schließlich lichtet sich der Wald. Über das Neckartal hinweg bietet

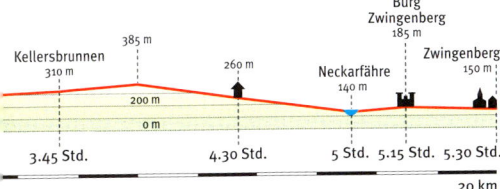

135

Schloss Zwingenberg am Neckar

sich ein wunderschöner Blick auf Schloss Zwingenberg, das sich malerisch auf der gegenüberliegenden Fluss-Seite erhebt. In der Talaue schwenkt die Straße nach rechts zur **Anlegestelle** der **Neckarfähre,** die wir zur Überquerung des Flusses nutzen (5 Std.).

Am gegenüberliegenden Ufer wenden wir uns nach links und folgen der Bundesstraße ein kurzes Stück, ehe wir schräg rechts in die Alte Dorfstraße biegen. Hinter den letzten Häusern überqueren wir die Bahngleise und steigen zur **Burg Zwingenberg** (5.15 Std.) an. Ursprünglich als Zollstation errichtet, trieben es die Herren von Zwingenberg mit räuberischen Wegzöllen allzu schlimm. Auf Befehl Kaiser Karl IV. wurde das Raubritternest 1364 geschleift. Später ist die Feste im Geiste der Romantik wieder aufgebaut worden.

Neben dem Eingangsportal gelangen wir rechts durch einen Felseinschnitt, der einst zur besseren Verteidigung der Burg gegen die Bergseite zehn Meter tief in den Buntsandstein gehauen wurde, in die wildromantische Wolfsschlucht. An dunkelroten Felsen vorbei klettert ein schmaler, teils durch Geländer gesicherter Pfad in der Schlucht empor. Über Felsbrocken und kleine Wasserkaskaden hinweg strömt ein rauschender Wildbach zu Tal. In der Wolfsschlucht spielt die Sage vom Freischütz, die Carl Maria von Weber zu seiner gleichnamigen Oper inspirierte. Wir kehren zur Burg zurück und folgen der Zufahrtsstraße zum **Bahnhof** von **Zwingenberg** hinab (5.30 Std.).

Mainfränkisches Fachwerkidyll

Von Miltenberg zur Gotthardsruine

Allein in Miltenberg könnte man einen ganzen Tag verweilen, so viel gibt es in der malerischen Altstadt zu entdecken. Auf schattigen Wegen wandern wir zur Kirchenruine auf dem Gotthardsberg. Der Rückweg führt über die Ringwälle auf dem Greinberg.

DIE WANDERUNG IN KÜRZE

++
Anspruch

Charakter: lange, aber nicht sehr schwere Tour; erfordert Kondition; sie führt zumeist über Forstwege

6 Std.
Gehzeit

Wanderkarte: Topographische Naturparkkarte 1 : 50 000 Bergstraße-Odenwald Nordost

20 km
Länge

Einkehrmöglichkeiten: Verschiedene Gasthäuser in Miltenberg und Weilbach sowie Gasthaus Jägerruh in Monbrunn

Anfahrt: Mit dem Kfz: Autofahrer kommen über die B 469. **Mit der Bahn:** Miltenberg ist mit der Bahn von Aschaffenburg erreichbar.

Öffnungszeiten: Burg **Miltenberg** und **Museum der Stadt Miltenberg** am alten Marktplatz, Tel. 0 93 71 / 40 41 53, von Mai bis Okt. Mi–So 10–17 Uhr, von Nov. bis April bis 16 Uhr

Vom **Hauptbahnhof Miltenberg** folgen wir der Brückenstraße stadteinwärts (ungefähr geradeaus, wenn man das Bahnhofsgebäude verlässt) zum Main. Auf der gegenüberliegenden Fluss-Seite liegt die dicht gedrängte Altstadt von Miltenberg. Wir überqueren die Mainbrücke, steigen hinter dem Brückentor über Stufen hinab und gehen geradeaus die Ziegelgasse weiter, ehe wir rechts in die Hauptstraße (Fußgängerzone) biegen. Hochgiebelige Fachwerkhäuser säumen den historischen Straßenzug, darunter der Gasthof Zum Riesen aus dem Jahre 1590, die älteste Fürstenherberge Deutschlands.

Am **Marktplatz** mit dem wunderschönen Fachwerkensemble orientieren wir uns am Wegzeichen gelbes Dreieck und gehen an der ehemaligen kurmainzischen Amtskellerei (heute Museum) vorbei das Schnatterloch hinauf. Durch den Schnatterlochturm verlassen wir die Altstadt und steigen entlang der Bachrinne im Wald an. An der Brücke führt ein Abstecher nach rechts zur **Mildenburg** (30 Min.). Um 1200 als östliche Grenzsicherung ihres Einflussbereiches erbaut, gehörte die Feste bis 1803 den Mainzer Erzbischöfen. Danach geriet die Burg in Privatbesitz, ehe sie 1979 von der Stadt übernommen wurde. Von der Aussichtsterrasse schweift der Blick über Altstadt und Mainschleife hinweg zu den waldigen Spessarthöhen.

Wir kehren zur **Brücke** zurück und folgen dem markierten Wanderweg nach rechts. Der Anstieg im Wald verflacht schließlich, und es geht auf einem bequemen Hangweg weiter. Unvermittelt weist uns das Zeichen schräg rechts den Hang hinab. Alsbald folgen wir einem Querweg etwa 75 m nach links empor, bis rechts ein Waldpfad bergab führt. Wir gelangen auf einen Fahrweg, dem wir nach links ansteigend folgen. An einer **Drei-Wege-Gabelung** halten wir uns rechts und wandern nun allmählich bergab.

Wir lassen schließlich den Wald hinter uns und wandern durch Streuobstwiesen auf Weilbach zu. Der alte Marktort mit seiner stattlichen Barockkirche liegt in einer sanften Talmulde der Mudau. Es geht zunächst geradeaus durch ein Neubaugebiet, ehe uns das Zeichen am Ende des Neuwiesenwegs schräg rechts die Straße hinabweist. Unten angelangt, folgen wir der Querstraße nach links nach **Weilbach** hinein (2 Std.), überqueren den namengebenden Weilbach und passieren einen alten Sandsteinbrunnen. Hier trennen wir uns vom gelben Dreieck, das nach rechts abbiegt, und gehen geradeaus, der blauen Raute folgend, weiter.

Nachdem wir den Ort verlassen haben, laufen wir noch ein kurzes Stück entlang der Fahrstraße, ehe uns das Zeichen schräg links einen Waldweg emporweist (Ausschilde-

rung zur Gotthardsruine). In einer scharfen Linkskurve folgen wir dem Hauptweg weiter bergauf. An der nächsten Verzweigung biegen wir scharf nach rechts und wandern zur **Gotthardsruine** (3 Std.) hinauf. Die Basilika gehörte im Mittelalter zu einem Nonnenkloster, wurde später mehrfach zerstört und brannte 1714 durch Blitzschlag aus. Interessant sind die Graffiti, die von früheren Besuchern hinterlassen wurden und bis ins 18. Jh. zurückreichen. Vom Turm der wohl erhaltenen Kirchenruine bietet sich ein schöner Rundblick über waldige Anhöhen; im Süden liegt Amorbach im Mudtal.

Wir laufen von der Gotthardsruine den Waldweg hinunter. An der ersten Verzweigung zweigt die blaue Raute rechts nach Amorbach ab, wir jedoch wandern geradeaus weiter. Das blaue X dient nun unserer Führung. An der Gabelung vor der Sattelhütte halten wir uns links. Über sanfte Wiesenhänge hinweg gewährt der Hangweg einen schönen Blick auf Weilbach. Am **Strudelbrunnen** bietet sich eine willkommene Rastmöglichkeit.

Im Weiler **Reuental** (3.30 Std.) durchqueren wir den Talgrund und folgen der Durchgangsstraße nach rechts, ehe uns das Zeichen vor Haus Nummer 6 nach links weist. Wir steigen zum Waldrand empor und gehen hier rechts weiter. Der markierte Waldpfad führt zunehmend steiler bergauf und mündet in einen breiten

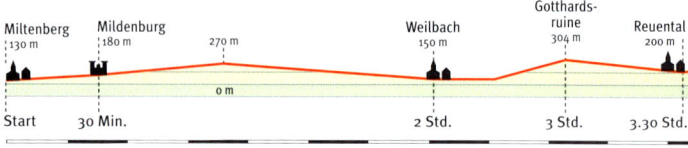

Blick auf Weilbach

Querweg. Die Route mit dem blauen X biegt nach links, wir jedoch laufen ohne Markierung rechts weiter und halten uns geradeaus auf dem Hauptweg. Über einige Verzweigungen hinweg wandern wir allmählich bergan. Schließlich lassen wir den Wald hinter uns. Das blaue X taucht wieder auf und dient nun auf dem gesamten Rückweg der Orientierung.

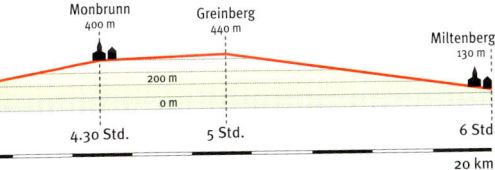

Monbrunn 400 m — Greinberg 440 m — Miltenberg 130 m

200 m
0 m

4.30 Std.   5 Std.   6 Std.

20 km

Miltenberg am Main wird von der Mildenburg überragt

Vor uns auf der Hochfläche liegen die verstreuten Gehöfte von **Monbrunn** (4.30 Std.).

Einem Asphaltsträßchen folgen wir nach rechts zu den ersten Gehöften. An der Straßenverzweigung halten wir uns links und wandern zur zweiten, höher gelegenen Häusergruppe von Monbrunn, wo sich uns eine willkommene Einkehrmöglichkeit bietet. An der Straßenkreuzung hinter den letzten Häusern (bei einem Buswartehäuschen) gehen wir geradeaus auf dem asphaltierten Feldweg zum Waldrand. Unsere Route führt in den Forst hinein und weiter über einige Verzweigungen hinweg zu den Ringwällen auf dem **Greinberg** (5 Std.). Die heute noch bis 4,20 m hohen Wälle, die den Greinberg ringförmig umgeben, reichen bis in die späte Bronzezeit zurück.

Wir durchschreiten zunächst den äußeren Ringwall. Direkt dahinter biegen wir vom Hauptweg rechts auf den markierten Pfad, der uns durch den inneren Ringwall führt. Mit dem blauen X gehen wir ein längeres Stück entlang des Ringwalls, der sich zur Rechten deutlich im Gelände abzeichnet, ehe wir ihn erneut überqueren und die Anhöhe verlassen. Wie aus der Vogelperspektive schweift der Blick über das Maintal hinweg zum Spessart.

Der markierte Pfad führt durch ein Rodungsgebiet (teils über Felsbrocken) recht steil zu einem Weg hinab, dem wir nach rechts folgen. An der Wegkreuzung biegen wir scharf nach links, an der nächsten Kreuzung (im Hochwald) dann scharf nach rechts. Auf dem Hangweg wandern wir geradeaus zur Verzweigung am Otto-Stein hinunter. An diesem

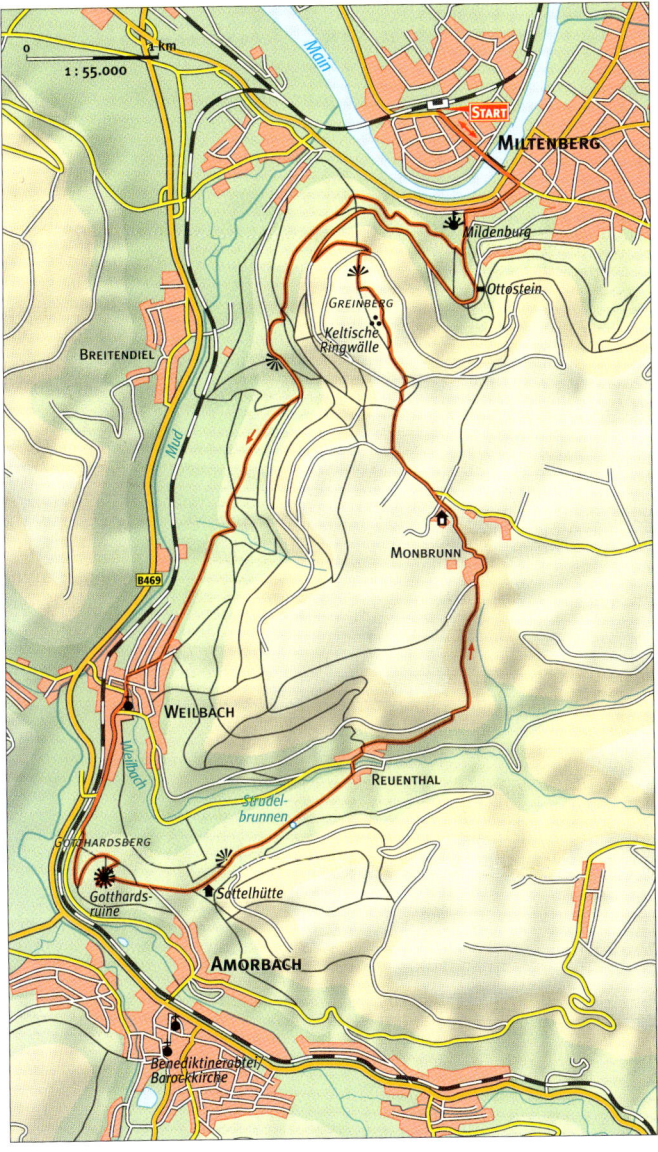

alten Wegweiser aus Sandstein folgen wir links dem markierten Pfad am Wildbach entlang bergab. Durch den Schnatterlochturm gelangen wir wieder in die Altstadt von **Miltenberg** und kehren über die Mainbrücke zum **Bahnhof** zurück (6 Std.)

Die Gralsburg des Odenwaldes

Von Amorbach zur Burgruine Wildenberg

In den Waldungen des Hinteren Odenwaldes steht eine mächtige Feste, die Wolfram von Eschenbach allem Anschein nach zur Beschreibung der Gralsburg im ›Parzival‹ angeregt hat. Über ein beschaulich im Wiesengrund gelegenes Quellheiligtum kehren wir nach Amorbach zurück.

DIE WANDERUNG IN KÜRZE

++
Anspruch

Charakter: Ausgedehnte Tour auf schattigen Forstwege; relativ steiler Abstieg nach Kirchzell

5.30 Std.
Gehzeit

Wanderkarte: Topographische Naturparkkarte 1 : 50 000 Bergstraße-Odenwald Nordost

18 km
Länge

Einkehrmöglichkeiten: In Amorbach, Kirchzell und am Amorbrunn

Anfahrt: Mit dem Kfz: Amorbach ist über die Bundesstraßen B 469 und B 47 zu erreichen. **Mit der Bahn:** Amorbach liegt an der Bahnstrecke Miltenberg–Walldürn.

Öffnungszeiten: Fürstl. Leiningensche Sammlungen/Heimatmuseum, Kellereigasse 6: April bis Okt. Mi und Sa 15–16 Uhr; **Abteikirche:** wechselnde Öffnungszeiten; Auskunft Tel. 0 93 73 / 97 15 45; **Templerhaus:** Mai bis Okt. Mi 16.30–17.30 und Sa 11–12 Uhr; **Kapelle Amorsbrunn:** Mai bis Okt. täglich 10–17 Uhr; **Waldmuseum Watterbacher Haus:** April bis Sept. Mi, Sa, So und an Feiertagen 11–17 Uhr, Okt. bis März Sa, So und an Feiertagen 12–16 Uhr

In **Amorbach** begeben wir uns zunächst zur ehemaligen Benediktinerabtei mit ihrer prächtigen Barockkirche. Sodann wenden wir uns zum Fürstlich Leiningenschen Seegarten, der sich schräg gegenüber an die Schlossmühle anschließt. Links am See vorbei gehen wir durch

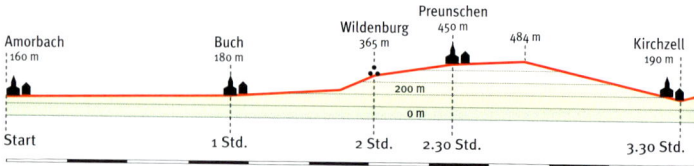

142

Die Wildenburg

diesen kleinen Englischen Garten, der Anfang des 19. Jh. nach Plänen des namhaften Gartenarchitekten Friedrich Ludwig von Sckell angelegt wurde. Am Parkende (bei einem Bachlauf) laufen wir links zur Fahrstraße hinauf und orientieren uns am Zeichen rote Raute, das uns bis zur Burgruine Wildenberg begleiten wird. Wir folgen der Straße ein kurzes Stück nach rechts in Richtung Kirchzell und biegen gegenüber einem Tennisplatz auf den links ansteigenden Weg.

Gemächlich geht es bis zur zweiten Weggabelung bergan, an der wir uns rechts halten und auf etwa gleich bleibender Höhe weiterwandern. Eine alte Trockenmauer aus Buntsandstein, die einst der Hang-terrassierung diente, säumt größtenteils den linken Wegesrand. Unten im Mudtal taucht die Pulvermühle auf. Unser Hangweg führt schließlich oberhalb der Walkmühle vorbei und mündet auf einen Feldweg, der uns zur nahen Fahrstraße führt. Nach links entlang der Straße erreichen wir den Weiler **Buch** (1 Std.). Auf der Anhöhe im Hintergrund ragt die Ruine der Wildenburg über die Baumwipfel auf. Im Ort biegt die markierte Wanderroute nach rechts und führt an der Kirche vorbei über die Mud; vor der Brücke steht rechts ein alter Bildstock (1718).

Hinter der **Brücke** wenden wir uns nach links und gehen auf einem asphaltierten Feldweg allmählich zum

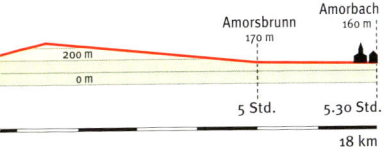

Seegarten in Amorbach

Bei den ersten Häusern führt eine Linksabzweigung zum **Amorsbrunn** (5 Std.). Über dem uralten Quellheiligtum erhebt sich eine reizende Wallfahrtskapelle. Im Freien hinter der Kapelle rinnt das Quellwasser in ein schlichtes Sandsteinbecken, das als Heilbad angelegt wurde. Das heil- kräftige Wasser soll zur Erlangung eines reichen Kindersegens verholfen haben. Anschließend folgen wir der Amorsbrunner Straße geradeaus durch ein Wohngebiet.

Fünf Kapellen am Straßenrand zeugen von einem ehemaligen Kreuzweg, der einst vom Kloster

Amorbach nach Amorsbrunn führte. Wir laufen geradeaus noch 70 m die Boxbrunner Straße weiter, ehe wir vor einer Telefonzelle (gegenüber der rechts abzweigenden Kostersteige) links auf einen Fußweg abbiegen, der uns nahe einer ehemaligen Mühle über die Mud führt. Dahinter folgen wir dem befestigten Feldweg nach rechts und gelangen geradeaus nach **Amorbach** (5.30 Std.) zurück.

An der Einmündung des Baderswegs in das Hundsgässchen steht links das historische Templerhaus. Dieser spätromanische Turmbau aus Buntsandstein gilt mit seinem Fachwerk-Oberbau (1291) als eines der ältesten und am besten erhaltenen Wohnhäuser Deutschlands. In seinem behutsam restaurierten Innern ist die siebenhundertjährige Baugeschichte mustergültig dokumentiert. Mit einem Streifzug durch die Altstadt von Amorbach und einem Besuch der ehemaligen Benediktinerabtei beschließen wir unseren Ausflug. Die prächtige Abteikirche mit ihren üppigen Stuckaturen, der größten Barockorgel Europas und der prächtigen Sandsteinfassade gibt sich ganz dem heiter-gelösten, rauschhaften Lebensgefühl des Spätbarock hin. Nach seiner Auflösung im Jahre 1803 fiel das Kloster an die Fürsten von Leiningen, die bis heute im Besitz des ehemaligen Abteigebäudes und der zugehörigen weitläufigen Ländereien sind.

Die Gralsburg des Odenwaldes

Auf einer waldigen Anhöhe über dem Mudtal erhebt sich das Mauerwerk einer gewaltigen Burg, die noch als Ruine Macht und Ansehen ihrer einstigen Besitzer erkennen lässt. Wie bei anderen Stauferburgen unterstreichen Buckelquadermauern den wehrhaften und zugleich erhabenen Charakter der Feste.

Eine verwitterte Inschrift im Torbogen verkündet: *DISE BVRHC MAHTE HER RVHBREHT VON DVRN.* Es waren die Herren von Dürn, einflussreiche und treue Vasallen der Stauferkaiser, die die Feste um 1200 zu einer repräsentativen Wohnburg ausbauen ließen. Der romanische Wohn- und Festsaal mit seinen reich verzierten Fensterbögen legt ein beredtes Zeugnis vom Glanz staufischer Baukunst ab.

Verschiedene Bezüge zwischen der Burg und dem ›Parzival‹ machen es wahrscheinlich, dass sich Wolfram von Eschenbach längere Zeit auf Wildenberg aufhielt, um an seinem Epos zu arbeiten. Auf den riesigen Kamin im Untergeschoss des Wohn- und Festsaals bezieht sich offenbar eine Anspielung, die die Größe der Feuerstellen in der Gralsburg veranschaulichen soll: *»So grôßiu fiuwer sit noch ê sach niemen hie ze Wildenberc.«* (So große Kaminfeuer sah niemand jemals hier auf Wildenberg). Rätselhaft bleibt ein Stein mit der Inschrift ›OWE MUTER‹, der heute neben dem unteren großen Fenster eingemauert ist. Gerne möchte man darin ein Zitat des kindlichen Parzival sehen, den Wolfram fragen lässt: *»Owe muoter, waz ist got?«*.

Die Wildenburg brannte während des Bauernkriegs im Jahr 1525 nieder und verfiel dann. Im Zuge der Ruinenromantik im frühen 19. Jh. wurde leider ein Teil der reichen, mit Ornamenten, Tieren und Fabelwesen verzierten Bauplastik entfernt. Architekturfragmente von der Wildenburg finden sich heute u. a. im Vorraum der Amorbacher Abteikirche und im Museum der Stadt Aschaffenburg.

Register

Auskünfte

Fremdenverkehrsverband
Odenwald-Bergstraße-Neckartal
Marktplatz 1
64720 Michelstadt
Tel. 0 60 61 / 6 66, Fax 7 33 14

Fremdenverkehrsgemeinschaft
Neckartal-Odenwald
Postfach 1144
69401 Eberbach
Tel. 0 62 71 / 48 99, Fax 13 19

Touristikgemeinschaft Odenwald-
Neckartal
Rathaus
74819 Mosbach
Tel. 0 62 61 / 8 22 66, Fax 8 22 49

Tourist-Information Spessart-Main-
Odenwald/Tourismusgemeinschaft
Fränkischer Odenwald
Postfach 1560
63885 Miltenberg
Tel. 0 93 71 / 5 01–5 02,
Fax 5 01-2 70

Verkehrsamt, Rathaus
63916 Amorbach
Tel. 0 93 73 / 2 09 40, Fax 2 09 33

Verkehrsbüro, Kurzentrum
Elisabethenstraße 13
64732 Bad König
Tel. 0 60 63 / 44 47, Fax 55 17

Tourist-Information
Rodensteinstraße 19
64625 Bensheim
Tel. 0 62 51 / 1 41 17, Fax 1 41 23

Kultur- und Verkehrsamt
Hauptstraße 119
69488 Birkenau
Tel. 0 62 01 / 3 97 46, Fax 3 97 55

Verkehrsamt
Ernst-Ludwig-Straße 2–4
64747 Breuberg
Tel. 0 61 63 / 70 90, Fax 7 09 55

Kurverwaltung
Kellereistraße 32–34
69412 Eberbach
Tel. 0 62 71 / 48 99, Fax 13 19

Verkehrsamt
Marktplatz 1
64711 Erbach
Tel. 0 60 62 / 64 39, Fax 64 66

Verkehrsamt
Rodensteiner Straße 8
64407 Fränkisch-Crumbach
Tel. 0 61 64 / 9 30 30, Fax 35 70

Verkehrsamt
Hauptstraße 19
64658 Fürth/Odenwald
Tel. 0 62 53 / 20 01 16, Fax 10 52

Verkehrsverein
64689 Grasellenbach
Tel. 0 62 53 / 94 94 11
Fax 2 10 26

Magistrat
Markt 1
64823 Groß-Umstadt
Tel. 0 60 78 / 78 10, Fax 78 12 26

Tourist-Information
Postfach 105860
69048 Heidelberg
Tel. 0 62 21 / 2 13 41, Fax 16 73 18

Fremdenverkehrsamt
Großer Markt 3
64646 Heppenheim
Tel. 0 62 52 / 1 31 71, Fax 1 31 23

Verkehrsamt
Untere Siegfriedstraße 6
64754 Hesseneck-Schöllenbach
Tel. 0 62 76 / 2 76, Fax 10 46

Verkehrsamt
Alleeweg 2
69434 Hirschhorn (Neckar)
Tel. 0 62 72 / 17 42, Fax 17 42

Gemeindeverwaltung
Montmelianer Platz 4
64739 Höchst i. Odw.
Tel. 0 61 63 / 70 80, Fax 7 08 32

Verkehrs- und Verschönerungs-
verein
64405 Fischbachtal-Lichtenberg
Tel. 0 61 66 / 87 87

Tourist-Information
64678 Lindenfels
Tel. 0 62 55 / 24 25, Fax 27 80

Magistrat
Marktplatz 1
64720 Michelstadt
Tel. 0 60 61 / 7 41 46, Fax 7 41 30

Tourist-Information
Engelplatz 69
63897 Miltenberg
Tel. 0 93 71 / 40 01 10, Fax 6 70 81

Fremdenverkehrsamt
Hauptstraße 25
69151 Neckargemünd
Tel. 0 62 23 / 35 53, Fax 80 42 10

Fremdenverkehrsverein
69437 Neckargerach
Tel. 0 62 63 / 42 01 15,
Fax 42 01 40

Städtisches Verkehrsamt
Hauptstraße 7
69239 Neckarsteinach
Tel. 0 62 29 / 9 20 00, Fax 3 18

Verkehrsamt
Rodensteiner Weg 3
64853 Otzberg
Tel. 0 61 62 / 7 10 01, 7 11 54

Fremdenverkehrsamt
Bismarckstraße 43
64385 Reichelsheim
Tel. 0 61 64 / 5 08 26, Fax 5 08 33

Stadtverwaltung
69198 Schriesheim
Tel. 0 62 03 / 60 20, Fax 6 02 20

Verkehrs- und Verschönerungs-
verein
Postfach 2141
64336 Seeheim-Jugenheim
Tel. 0 62 57 / 20 60

Verkehrsverein
Bahnhofstraße 15
69469 Weinheim
Tel. 0 62 01 / 99 11 17, Fax 99 11 35

Stadtverwaltung
Untergasse 16
64673 Zwingenberg
Tel. 0 62 51 / 7 00 30, Fax 70 03 33

Bürgermeisteramt
Alte Dorfstraße 8
69439 Zwingenberg a. N.
Tel. 0 62 63 / 2 10, Fax 91 20

Die neuen Wanderführer für Aktive:
Zu den schönsten Wanderzielen
Europas

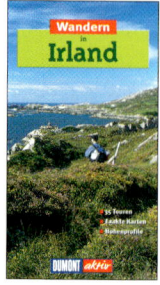

**Alle Informationen zu jeder Wande-
rung auf einen Blick:** Charakter und
Anspruch, Dauer und Länge, An- und
Abstiege, Ausrüstung und Einkehr
unterwegs, Anfahrt mit Auto und
öffentlichen Verkehrsmitteln.

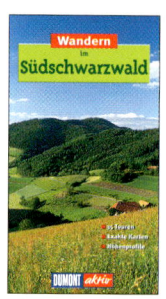

Die Karten für jede Wanderung sind in
enger Abstimmung mit der Wegbeschreibung erstellt worden. Das Resul-
tat: praktisch, exakt und übersichtlich.

Höhenprofile: Geht's bergauf oder
bergab, ist die Tour lang oder kurz?
Farbige Höhenprofile zu jeder Wanderung lassen keine Frage offen.

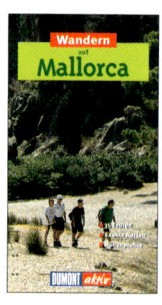

Mit zuverlässigen und detaillierten
Wegbeschreibungen für die Durch-
führung der Touren.

Zahlreiche farbige Abbildungen
machen Appetit auf das Naturerlebnis
und wecken die Vorfreude – und was
unterwegs besonders auffällt, wird
am Ende des Textes vorgestellt und
erklärt.

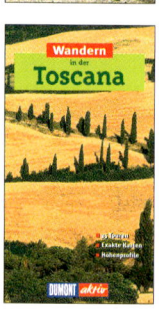

Weitere Informationen über die Titel der Reihe DUMONT aktiv erhalten Sie
bei Ihrem Buchhändler oder beim DUMONT Buchverlag • Postfach 10 10 45 • 50450 Köln
Besuchen Sie uns im Internet: http://www.dumontverlag.de

DUMONT EXTRA

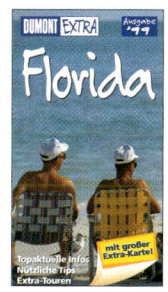

Der Reiseführer mit topaktuellen Tips,
fünf ungewöhnlichen Extra-Touren
und einer handlichen Karte zum
Ausklappen für nur
DM 12,90 / öS 94,- / sFr. 12,90
Jährlich aktualisiert!

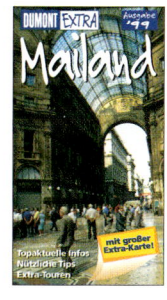

»Große Klasse zum kleinen Preis:
schnelle Infos, tolle Fotos, fünf Touren,
moderne Grafik und Extrakarte. Ein
kompletter Reiseführer für junge Leute
und Junggebliebene. Mit Insidertips,
die jede Reise zu einem wahren Ver-
gnügen machen.«   *buch aktuell*

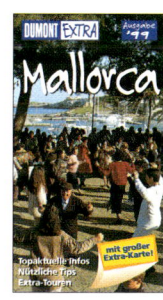

»Es handelt sich hier um kompakte
Reiseführer mit verlässlichen, topaktuellen Tips und wirklich lohnenden,
originellen Routenbeschreibungen.
Außerordentlich ist die jährliche Neu-
auflage! Ingesamt bietet ›DUMONT
Extra‹ Tips, Tips und nochmals Tips;
und diese dann auch garantiert Jahr
für Jahr neu.«   *Nordbayerischer Kurier*

 **REISE-TASCHENBUCH**

»Ein DUMONT muß nicht dick sein. Mit höchstens 240 Seiten passen die DUMONT Reise-Taschenbücher wirklich in jede Tasche. Sehr übersichtlich und optisch ansprechend bietet diese Reihe trotz der Kürze viel Hintergrundwissen im landeskundlichen Teil. Nach dem Motto ›Man sieht nur, was man weiß‹ wurden auch diese Titel wieder von ausgezeichneten Landeskennern verfasst und Urlaubsziele unter neuen Aspekten vorgestellt.«

tours

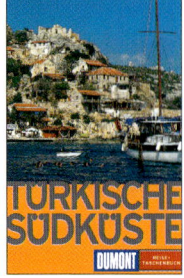

»Was den DUMONT-Leuten aber gelungen ist: Trotz der Kürze steckt in diesen Büchern genügend Würze. Immer wieder sind unerwartete Informationen zu finden, nicht trocken eingestreut, sondern lebhaft geschrieben ... Diese Mischung aus journalistisch aufgearbeiteten Hintergrundinformationen, Erzählung und die ungewöhnlichen Blickwinkel, die nicht nur bei den Farb- und Schwarzweißfotos gewählt wurden – diese Mischung macht's. Eine sympathische Reiseführer-Reihe.«

Südwestfunk

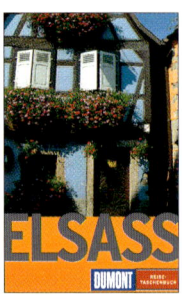

Weitere Informationen über die Titel der Reihe DUMONT Reise-Taschenbücher erhalten Sie bei Ihrem Buchhändler oder beim DUMONT Buchverlag • Postfach 10 10 45 • 50450 Köln
Besuchen Sie uns im Internet: http//www.dumontverlag.de

DUMONT RICHTIG REISEN

»Den äußerst attraktiven Mittelweg
zwischen kunsthistorisch orientiertem
Sightseeing und touristischem Freilauf
geht die inzwischen sehr umfangreich
gewordene, blendend bebilderte Reihe
›Richtig Reisen‹. Die Bücher haben fast
schon Bildbandqualität, sind nicht nur
zum Nachschlagen, sondern auch zum
Durchlesen konzipiert. Meist vorbildlich der Versuch, auch jenseits der
›Drei-Sterne-Attraktionen‹ auf versteckte Sehenswürdigkeiten hinzu-
weisen, die zum eigenständigen
Entdecken abseits der ausgetrampel-
ten Touristenpfade anregen.«
Abendzeitung, München

»Zum einen bieten die Bände der
Reihe ›Richtig Reisen‹ dem Leser eine
vorzügliche Einstimmung, zum ande-
ren eignen sie sich in hohem Maß als
Wegweiser, die den Touristen auf der
Reise selbst begleiten.«
Neue Zürcher Zeitung

»Schön bebildert, ansprechend und
übersichtlich aufgemacht. Erstklassige
Autoren.« *Reise und Preise*

Weitere Informationen über die Titel der Reihe DUMONT Richtig Reisen erhalten Sie
bei Ihrem Buchhändler oder beim DUMONT Buchverlag • Postfach 10 10 45 • 50450 Köln
Besuchen Sie uns im Internet: http://www.dumontverlag.de

Abbildungsnachweis

Alle Fotos: Andreas Stieglitz, Frankfurt/Main
Karten und Höhenprofile: Berndtson & Berndtson Productions GmbH,
Fürstenfeldbruck   © DuMont Buchverlag, Köln

Impressum

Titelbild: Blick auf Zell über Weinberge bei Bensheim (Tour 4)

Über den Autor: Andreas Stieglitz, geboren 1961, studierte Geographie und Germanistik. Er lebt in Frankfurt am Main und arbeitet als Reisejournalist, Übersetzer, Fotograf und Reiseleiter. Für den DuMont Buchverlag schrieb er bereits die Titel ›Wandern in Irland‹ und ›Richtig Wandern Sardinien‹.

Die deutsche Bibliothek – CIP-Einheitsaufnahme

Stieglitz, Andreas
Wandern im Odenwald und an der Bergstraße / Andreas Stieglitz
Köln, DuMont, 2000
          (DuMont aktiv)
          ISBN 3-7701-5015-5

Graphisches Konzept: Groschwitz, Hamburg
© DuMont Buchverlag, Köln
Alle Rechte vorbehalten
Druck: Rasch, Bramsche
Buchbinderische Verarbeitung: Bramscher Buchbinder Betriebe

ISBN 3-7701-5015-5